Das Geheimnis Christi - Reihe AZNT:
Auslegung Zentraler Neutestamentlicher Texte

Andreas Kleinschmidt

Das Geheimnis Christi

Reihe AZNT:
Auslegung Zentraler
Neutestamentlicher Texte
in 6 Bänden

© 2024 Andreas Kleinschmidt
Verlag: BoD • Books on Demand GmbH, In de
Tarpen 42, 22848 Norderstedt
Druck: Libri Plureos GmbH, Friedensallee 273,
22763 Hamburg
ISBN: 978-3-7597-4324-4

Inhalt

Andreas Kleinschmidt

Das Geheimnis Christi

Auslegungen zu den Spitzensätzen des Apostel Paulus

Reihe AZNT: Auslegungen Zentraler Neutestamentlicher Texte Band 1

Zu seinen „Spitzensätzen", d.h. zu **höchsten** Höhen theologischer Erkenntnis kommt der Apostel Paulus durch die **tiefsten** Einsichten in das Geheimnis Christi: Indem er diesem vom Kreuz zur Auferstehung Jesu, von seiner Erniedrigung am Kreuz bis zu seiner Erhöhung in den Himmel folgt.

Sola gratia – allein aus Gnade

Denn es ist hier kein Unterschied: Sie sind allesamt Sünder und ermangeln des Ruhmes, den sie vor Gott haben sollen, und werden ohne Verdienst gerecht aus seiner Gnade durch die Erlösung, die durch Christus Jesus geschehen ist. Römer 3,22c-24.

Bisher in dieser Welt Unerhörtes, Ungehörtes hören wir hier: Nicht wir Menschen vermögen diese Welt heil zu machen, sondern allein Gott.

Dies geschieht durch seine Gnade.

Und seine Gnade ist unsere Erlösung durch Christus.

So wie sein Wort die erste Schöpfung ins Dasein rief, so schafft sein Gnadenwort in Christus die zweite Schöpfung:

Zunächst in seinem Geist im Herzen der Christusgläubigen, und dann bei seinem Wiederkommen in Macht und Herrlichkeit auch in ihrem himmlischen Leib im Reich Gottes.

Erlösung meint hier von der ursprünglichen Wortbedeutung her: Freigebung für Lösegeld, Loskaufung und übertragen: Erlösung.

Durch Christus werden wir befreit, „erlöst" von den Mächten dieser Welt, von Satan, Sünde, Leid und Tod, das „Löse"-geld, das Christus für unsere Befreiung zahlen musste, war sein Tod in Gottverlassenheit am Kreuz.

Nun hat er allein alles Recht auf uns, Satan, der Ankläger, der uns immer wieder vor Gott wegen unserer Sünden verklagte, muss endgültig schweigen, denn nun kommt es für uns nicht mehr darauf an, dass wir uns die Gerechtigkeit bei Gott verdienen, sondern wir sie uns von Gott in Christus schenken lassen.

Wenn sich dies für uns zunächst sehr theologisch und abstrakt anhört, so werden in unserem Leben immer wieder konkret mit den Angriffen Satans zu tun haben, der es sehr listig vermag, uns unsere Glaubensgewissheit durch die Erfahrung eigener Schwachheit und eigenen Versagens in Frage zu stellen, der uns immer wieder „unseren Schneid abkaufen will", um es in einem Bild zu sagen, d.h. der uns unseren Mut, unsere Tatkraft rauben will, die uns als Christen nicht durch die eigene Kraft, sondern durch Christus und seinen Geist geschenkt wird: Es beginnt bei unseren Gedanken, etwa dem Zweifel, ob Gott uns wirklich in dieser oder jener Situation helfen kann, sobald aber nur ein wenig Zweifel gesät ist, werden wir verunsichert, verlieren wir unseren „Schneid", unsere Glaubenskraft, der die Welt überwindet, ähnlich wie Petrus, der nur solange auf dem Wasser wandeln konnte, wie er im festen Glauben auf Jesus sah. Der Blick aber auf die Wellen, der Blick auf die Mächte dieser Welt lassen Satan, den Fürst dieser Welt, und ihre Mächte und Menschen wieder über uns mächtig werden.

Neue Kraft uns festes Vertrauen gewinnen wir nur durch das Wort Jesu, und unser festes, unerschütterliches Vertrauen darauf, dabei sollten wir eben von Petrus lernen, dass es bei unseren Gedanken beginnt, die ja eine reale Macht über uns haben, dass wir uns in ihnen nicht ablenken lassen vom Glaubensgehorsam, zu dem wir auf durch das Hören auf das Wort Christi befähigt werden.

Worauf also sehen, woran denken wir:

Auf uns selbst, auf unsere Sündhaftigkeit und Ermangelung des Ruhmes, den wir vor Gott haben sollten – und verstricken wir uns dann in Selbstvorwürfen, Anklagen und Ängsten und Sorgen und Mühen, uns selbst zu helfen.

Oder sehen wir auf die Erlösung, die durch Christus geschehen ist, lassen sie so durch den Glauben an uns wirksam werden und erfahren das Gerecht-werden aus Gnade ohne unser Tun, unseren Verdienst. Gnade heißt dabei nicht, untätig, sondern Gott in uns und durch uns wirken zu lassen und ihm dabei alle eigenen Kräfte zur Verfügung zu stellen, aber das was, wir tun, bestimmt er allein, und nie sind wir selbst und unser Tun die Voraussetzung für unsere Gerechtigkeit, sondern immer nur allein Gott selbst und seine Gnade in Christus. Wenn aber alles Gnade Christi ist, die uns allerdings nicht untätig macht, sondern alle unsere Kräfte für Christus einsetzen lässt dann, dort und auf die Weise, die uns sein Geist offenbart, dann hat Satan keinen Angriffspunkt mehr bei uns, wir können uns jederzeit auf das Blut Jesu berufen, das für uns geflossen ist, und schon ist Satan besiegt, denn „Christi Blut und Gerechtigkeit, das ist mein Schmuck und Ehrenkleid, damit will ich vor Gott bestehn, wenn ich zum Himmel wird` eingehn. Drum soll auch dieses Blut allein mein Trost und meine Hoffnung sein. Ich bau im Leben und im Tod allein auf Jesu Wunden rot. Solang ich noch hienieden bin, so ist und bleibet das mein Sinn: Ich will die Gnad in Jesu Blut bezeigen mit getrostem Mut." (Nikolaus Ludwig von Zinzendorf) So vermag uns der Teufel nicht mehr „den Schneid abzukaufen", d.h. er kann uns nicht mehr vor uns selber schlecht machen, uns zu demoralisieren, denn nun leben nicht mehr wir, sondern Christus lebt in uns und damit ist ihm jede Angriffsfläche bei uns genommen. Und Christus hat uns zu einer neuen Kreatur gemacht ganz aus Gnade und in Gnade: Ist jemand in Christus, so ist er eine neue Kreatur, das Alte ist vergangen, siehe, Neues ist geworden. … Darum kennen wir von nun an niemanden mehr nach dem Fleisch, schreibt Paulus im 2.Korintherbrief.

Das ist Erlösung, das ist Gerechtigkeit, die uns in Ewigkeit niemand mehr nehmen kann, weil sie nicht auf uns, sondern allein auf Christi Werk für uns beruht. Und was Erlösung und Gerecht-werden durch Christus für uns bedeutet – die Erkenntnis darüber werden wir in unserem Leben immer wieder konkret von unserem Herrn geschenkt bekommen, indem er uns erlöst von uns

selbst, unserer alten, sündigen Natur, unserer Ich-
und Welthaftigkeit, unserer Hab- und Machtsucht,
unserer Ungeduld und Eitelkeit.

Diese unsere alte, sündige Natur vermag sich in
unterschiedlichster Weise, ja auch in einem
moralischen, ja auch frommen Gewand tarnen,
die Gerechtigkeit und Erlösung in Christus aber
wird und uns recht ausrichten allein auf ihn und
zur Ganzhingabe an ihn. In dieser Ganzhingabe,
in dieser Kreuzesnachfolge sprechen wir wie
Paulus: Nun lebe nicht mehr ich, sondern Christus
lebt in mir. Was wir jetzt noch in dieser Welt
leben, leben wir im Glauben an unseren Herrn
Jesus Christus, so vermögen wir viel zu haben und
wenig, wir vermögen Freud und Leid aus Gottes
Hand zu nehmen in dem Wissen, dass uns beides
zum Besten dienen muss, zum gerechten,
erlösten Leben, das uns Gott in seinem Sohn
schenkt.

Gott ist für uns

Ist Gott für uns, wer kann wider uns sein? Der auch seinen eigenen Sohn nicht verschont hat, sondern hat ihn für uns alle dahingegeben – wie sollte er uns mit ihm nicht alles schenken? Wer will die Auserwählten Gottes beschuldigen? Gott ist hier, der gerecht macht. Wer will verdammen? Christus Jesus ist hier, der gestorben ist, ja mehr noch, der auch auferweckt ist, der zur Rechten Gottes ist und für uns eintritt. Wer will uns scheiden von der Liebe Christi? Trübsal oder Angst oder Verfolgung oder Hunger oder Blöße oder Gefahr oder Schwert. Wie geschrieben steht: Um deinetwillen werden wir getötet den ganzen Tag; wir sind geachtet wie Schlachtschafe.

Aber in dem allen überwinden wir weit durch den, der uns geliebt hat. Denn ich bin gewiss, dass weder Tod noch Leben, weder Engel noch Mächtige noch Gewalten, weder Gegenwärtiges noch Zukünftiges, weder Hohes noch Tiefes noch irgendeine andere Kreatur uns scheiden kann von der Liebe Gottes, die in Christus Jesus ist, unserm Herrn. Römer 8, 31b-39

Was ist das für ein ungeheuer steiler Satz, welche „einsame" Höhe erklimmt Paulus, besser in „zweisamer" Höhe, auf diesem Bergesgipfel gibt es nur noch die Auserwählten und Gott selbst, die ganze Welt verschwindet unter ihm, weil er bis in den Himmel aufgestiegen ist: Ist Gott für uns, wer kann wider uns sein.

Aber woher weiß ich, dass ich auch zu diesen Erwählten gehöre, woher weiß ich, dass ich auch diese Höhe erreichen kann, in der ich diese ganze Welt unter mir und überwunden habe und Gott allein alles für mich ist?

Die Antwort ist so leicht wie sie schwer ist.

Schwer ist sie, weil ich sie mir nicht selbst geben kann, schwer ist sie, weil Christus für sie das schwerste Werk hat tun müssen, den Opfergang für uns ans Kreuz, das je getan wurde und nie mehr wieder getan werden kann.

Und leicht ist die Antwort, weil es mich nur den Glaubensblick auf Christus und sein Werk für mich bedarf, um mich meiner Erwählung gewiss zu machen. Sobald ich wieder auf mich und meine Schwachheit, mein Unvermögen sehe, wird meine Erwählung schwer, ja unmöglich, denn in mir kann Gott keinen Grund für seine Erwählung finden: Gott ist hier, der gerecht macht. Wer will verdammen? Christus Jesus ist hier, der gestorben ist, ja mehr noch, der auch auferweckt ist, der zur Rechten Gottes ist und für uns eintritt.

Nun ist die logische, besser theo-logische Konsequenz, die Paulus aus dem Handeln Gottes in seinem Sohn zieht: Wenn Gott uns so liebhat, dass er sogar das Liebste, das er hatte, seinen Sohn hingibt für uns, dass wir ihm also so viel wert sind und wenn er ihn für uns nicht verschont hat, wird er uns mit ihm dann nicht alles schenken?

Alles – was auch immer sich nun ein Gläubiger wünscht - wenn es geläutert ist durch den Glauben an Christus, wenn er es sich also in seinem Namen wünschen kann, wird er geschenkt bekommen.

Gott ist hier, der gerecht macht – nur deshalb, weil er uns läutert, weil er an uns handelt, kann uns niemand mehr beschuldigen, weil er unsere Schuld und unser Gericht seinem Sohn auflud, dieser sie sich gehorsam aufladen ließ, weil er sprach: Nicht wie ich will, sondern wie du willst.

Wie auf eine Waage legt Paulus nun auf die eine Schale alles, was es geben mag, alles, was uns je „zu schaffen" gemacht hat, zu schaffen macht oder zu schaffen machen wird – weil es nur Kreatur, „Erschaffenes" ist, vermag es nichts auszurichten gegenüber dem Schöpfer aller Kreatur und dessen Liebe zu uns, die er auf die andere Waagschale legt.

Und nun ist es an uns durch unseren Glauben immer wieder das scheinbare Übergewicht des Bösen zu überwinden, durch ihn, unseren Glauben, beteiligt uns Gott am Erlösungswerk seines Sohnes, besser gesagt, durch unseren Glauben lassen wir die Liebe Gottes in Christus an uns und durch uns wirken, diese Liebe motiviert, d.h. bewegt uns durch ihren Geist zu ganzer Hingabe im Dienst für Gott und an unserem Nächsten.

Das Wort vom Kreuz ist eine Torheit denen, die verloren werden, uns aber, die gerettet werden, ist es eine Gotteskraft. 1.Korinther 18

Schwachheit und Torheit in den Augen der Welt ist Weisheit und Kraft bei Gott, ja, so sagt Paulus aus eigener Erfahrung, die Kraft Gottes kommt erst zu ihrer ganzen Entfaltung, zu ihrem Ziel, wo er uns Menschen unsere Schwachheit erfahren lässt: Nur unsere Sterbenswege kann Gott zu seinen Lebenswegen machen, unsere eigene Weisheit und Kraft sind dagegen ein Hindernis für Gott, in uns und durch uns zu wirken:

Wir tragen allezeit das Sterben Jesu an unserm Leibe, damit auch das Leben Jesu an unserm Leibe offenbar werde. Denn wir, die wir leben, werden immerdar in den Tod gegeben um Jesu willen, damit auch das Leben Jesu offenbar werde an unserm sterblichen Fleisch, 2.Kor 4, 10-11.

Um Jesu willen – d.h. weil Jesus, unser Herr, von der Welt verworfen und gekreuzigt wurde, erfahren wir dasselbe Schicksal wir unser Herr, denn ein Diener steht nicht über seinem Herrn, sondern er wird da sein, wo sein Herr auch ist, so wie Jesus selbst es seinen Jüngern in Johannes 12 sagt –aber nachdem er wie er gestorben ist, wird er auch wie er auferweckt werden zum ewigen Leben, nachdem er durch die Welt und auf der Welt erniedrigt wurde, wird er wie sein Herr zu Gott in den Himmel erhöht werden.

Torheit oder Gotteskraft – dazwischen gibt es nichts, nur die „Entscheidung" zwischen dem einen und dem anderen, die dann zur „Scheidung" führt zwischen denen, die sich das Wort vom Kreuz sagen lassen und denen, die nicht darauf hören wollen, zwischen denen, die sich in das Licht der Wahrheit stellen lassen, die in diesem Licht die Erkenntnis ihrer Sünden erfahren und Buße tun und sich durch das Licht selbst erneuern lassen und Licht werden – und denen, die das Licht ablehnen, weil sie die Finsternis mehr lieben als das Licht, denn ihre Werke sind böse, wer aber Böses tut, der hasst das Licht und kommt nicht zu dem Licht, damit seine Werke nicht aufgedeckt werden. Wer aber die Wahrheit tut, wer das Licht der Wahrheit, wer Jesus in sich und durch sich wirken lässt, der kommt zu dem Licht, der kommt zu Jesus, der nimmt das Wort vom Kreuz Jesu für sich persönlich an in Gericht und Gnade, damit offenbar wird, dass seine Werke in Gott getan sind, Joh. 3,19-21.

Welch ein Urteil über alle Weisheit und Macht dieser Welt: Böses, Finsternis. Mögen die Werke der Weisheit und Macht dieser Welt für die Welt noch so eindrucksvoll sein, sie bleiben doch in der Gefangenschaft der ichhaften Begierden des Menschen, der Gott nicht über sich haben will, der sich nicht in der Erkenntnis der eigenen Sündhaftigkeit unter das Kreuz Jesu stellen und der durch eigene Werke statt durch das Erlösungswerk eines anderen, durch Jesus Christus, gerecht werden will.

Deshalb kann er nicht gerettet werden, denn kein Mensch kann sich am eigenen Schopf aus dem Wasser ziehen, darum hat Gott uns seinen Sohn als Retter gesandt, wer seine Hand zurückstößt, der geht unter, der geht für den Himmel verloren, so eindrucksvoll sein Strampeln, sein Bemühen im Wasser dieser sündhaften Welt auch sein mag. Dieses Wort vom Kreuz wird gesagt werden bis der letzte der Erwählten es gehört und angenommen hat, und es wird das Hauptwort aller himmlischen Worte der Erretteten in alle Ewigkeit bleiben.

Die Gott lieben

Wir wissen aber, dass denen, die Gott lieben, alle Dinge zum Besten dienen, denen, die nach seinem Ratschluss berufen sind. Römer 8,28

Alle Dinge – also auch die Negativen – uns zum Besten: Das ist wahrlich ein steiler Satz.

Da ist nichts aus unserer Vergangenheit, Gegenwart und Zukunft ausgenommen, es ist wie in der Mathematik: Die Vorzeichen in einem Term drehen sich um, löst man eine Klammer auf, wenn davor ein Minuszeichen steht: d.h. aus dem Negativen wird Positives, in der Deutung dieses Vergleichs: Die Klammer, die Gefangenschaft in das Negative dieser gegenwärtigen, bösen Weltzeit lösen wir auf in das Positive der Erlösung von der Welt für den Himmel, wenn wir Gottes Ratschluss in Christus annehmen, wenn wir uns rufen, berufen lassen zu seiner Liebe in Christus, und wenn wir diese Liebe mit unserer Liebe beantworten: Denen, die Gott lieben, dienen alle Dinge zum Besten, die nach seinem Ratschluss berufen sind. Auf Gottes Ruf kann man antworten oder nicht, er richtet sich zunächst einmal an alle Menschen, denn Jesus hat die Schuld der ganzen Welt getragen. „Er selbst ist die Versöhnung für unsere Sünden, nicht allein aber für die unseren, sondern auch für die der ganzen Welt", 1.Joh. 2,2. Man kann Gottes Ruf in Jesus überhören, weil man sich selbst und diese Welt lieber hat als Gott, man wird ihm nur recht antworten, wenn man Gott und Jesus lieber hat als alle und alles: „Wer Vater oder Mutter mehr liebt als mich, der ist mein nicht wert; und wer Sohn oder Tochter mehr liebt als mich, der ist mein nicht wert. Und wer nicht sein Kreuz auf sich nimmt und folgt mir nach, der ist meiner nicht wert", Matth. 10,37-38.

Ist Jesus für die Schuld aller Menschen gestorben, so sind doch nur die nach dem Ratschluss Gottes berufen, die Gottes Liebe in Jesus auch für sich persönlich annehmen und sie sich so zum Besten dienen lassen. Wenn nun aber alles allein an Gottes Ratschluss hängt, was kann der Mensch dann noch tun und wofür ist er dann noch verantwortlich? Auf diese Frage geht Paulus im Römer 9 ein: „Nun sagst du zu mir: Was beschuldigt er uns dann noch? Wer kann seinem Ratschluss widerstehen? Ja, lieber Mensch, wer bist du denn, dass du mit Gott rechten willst? Spricht etwa ein Werk zu seinem Meister: Warum hast du mich so gemacht? Hat nicht der Töpfer Macht über den Ton, aus demselben Klumpen ein Gefäß zu ehrenvollem und ein Anderes zu nicht ehrenvollem Gebrauch zu machen? Da Gott seinen Zorn erzeigen und seine Macht kundtun wollte, hat er mit großer Geduld ertragen die Gefäße des Zorns, die zum Verderben bestimmt waren, auf dass er den Reichtum seiner Herrlichkeit kundtue an den Gefäßen der Barmherzigkeit, die er zuvor bereitet hatte zur Herrlichkeit".

Paulus korrigiert unsere Sichtweise, unsere Perspektive von unten, vom Menschen her durch seine Sicht von oben, von Gott her. Es geht zuerst nicht um uns, sondern um Gott. Bei ihm ist der Ratschluss, das Recht, die Macht, die Bestimmung und die Zubereitung. Was wir für ungerecht halten, entspricht unserem beschränkten Ratschluss, Gott allein bestimmt, was recht und was unrecht ist. Es gibt auch eine göttliche Bestimmung zum Verderben, Paulus zeigt dies am Beispiel des Pharaos auf, dessen große Verstockung auch ein Werk Gottes war, das dazu dienen sollte, Gottes noch größere Macht, diese Verstockung am Ende durch die zehnte Plage zu überwinden, zu offenbaren. Der Weg zum Heil: Durch Gottes Vorherbestimmung oder durch des Menschen Entscheidung – was der Mensch mit seinem beschränkten Ratschluss für widersprüchlich, für unlogisch hält, sind theologisch nur die zwei Seiten einer Medaille, und der Mensch offenbart dadurch, dass er dies nicht zusammenzudenken vermag nur, dass die Zerstörung durch den Ungehorsam Gott gegenüber, dass das „Ihr werdet sein wie Gott" bis in sein Denken eingedrungen ist. Wer sich unter den höheren Ratschluss Gottes beugt, zeigt damit, dass er Gott liebt, und diese Liebe zu Gott ist die Voraussetzung dafür, dass er ihn erkennt und dass ihm alle Dinge zum Besten dienen müssen: Alle Dinge – d.h. also auch die schweren, uns zunächst unverständlichen. Warum müssen auch sie den

Gläubigen zum Besten dienen? Weil sie sich auch diese zum Besten dienen lassen, weil sie sie nicht im Unglauben ablehnen, sondern als Bedrängnisse im Glauben annehmen als Segensgaben Gottes. „Wir rühmen uns auch der Bedrängnisse, weil wir wissen, dass Bedrängnis Geduld bringt, Geduld aber Bewährung, Bewährung aber Hoffnung, Hoffnung aber lässt nicht zuschanden werden; denn die Liebe Gottes ist ausgegossen in unsre Herzen durch den Heiligen Geist, der uns gegeben ist", Röm. 5,3b-5. Im Hebräischen wird das Erkennen und Lieben mit demselben Wort bezeichnet: Ein Mann erkennt seine Frau, indem er sie liebt.

Das abstrakte und damit leere, rein intellektuelle Denken ist der Bibel fremd, vertraut ist ihr das Denken, das zum Lob und zur Anbetung Gottes führt: O welch eine Tiefe des Reichtums, beides, der Weisheit und der Erkenntnis Gottes! Wie unbegreiflich sind seine Gerichte und unerforschlich seine Wege! Und „wer hat des Herrn Sinn erkannt, oder wer ist sein Ratgeber gewesen"? (Jesaja 40,13) Oder „wer hat ihm etwas zuvor gegeben, dass Gott es ihm zurückgeben müsste?" (Hiob 41,13) Denn von ihm und durch ihn und zu ihm sind alle Dinge. Ihm seine Ehre in Ewigkeit! Amen. Römer 11,33-36

Gott bleibt sich selber treu

So frage ich nun: Hat denn Gott sein Volk verstoßen? Das sei ferne! ... Gott hat sein Volk nicht verstoßen, das er zuvor erwählt hat.... So frage ich nun: Sind sie gestrauchelt, damit sie fallen? Das sei ferne! Sondern durch ihre Verfehlung ist den Heiden das Heil widerfahren; das sollte sie eifersüchtig machen. Wenn aber ihre Verfehlung Reichtum für die Welt ist und ihr Schade Reichtum für die Heiden, welchen Reichtum wird dann ihre volle Zahl bringen! Römer 11, 1a.2.11-12

Gottes Absichten mit seinem ersterwählten Volk Israel sind nie letztlich negativ, sondern haben durch alles Gericht hindurch ein positives Ziel, das er mit ihm erreichen will: Er hat einen gläubigen Überrest für den Himmel erwählt, ihn wird er so gewiss dorthin bringen wie er seinerzeit sein Volk aus Ägypten erlöst und durch die Wüste in das Land Kanaan gebracht hat. Auch dort war es am Ende nur ein erwählter Rest, der wie Kaleb „einen anderen Geist", nämlich den Geist Gottes hatte, dem dieser sein Heil schenken konnte. So unterscheidet auch Paulus zwischen dem Israel nach dem Fleisch und dem nach dem Geist:

„Denn nicht alle sind Israeliten, die von Israel stammen; …nicht das sind Gottes Kinder, die nach dem Fleisch Kinder sind; sondern nur die Kinder der Verheißung werden zur Nachkommenschaft gerechnet" Römer 9,6b.8

„Oder wisst ihr nicht, was die Schrift sagt von Elia, wie er vor Gott tritt gegen Israel und spricht (1.Könige 19,10): „Herr, sie haben deine Propheten getötet, deine Altäre haben sie niedergerissen. Ich bin allein übriggeblieben, und sie trachten mir nach dem Leben"? Aber was sagt ihm die göttliche Antwort? (1.Könige 19,18):"Ich habe mir übrig gelassen siebentausend Mann, die ihre Knie nicht gebeugt haben vor Baal." So geht es auch jetzt zu dieser Zeit: Ein Rest ist geblieben, der erwählt ist aus Gnade." Römer 11,2b-5

Gott kann sich selbst nicht untreu werden – auch nicht in seiner Beziehung zu Israel, in seiner Treue und in seinen Verheißungen: So ist er ihm in seiner Schechina, seiner Selbsterniedrigung in seiner Wüstenzeit, in seiner Zeit der babylonischen Gefangenschaft und in seiner Zeit der Zerstreuung unter alle Völker nahegeblieben.

Und immer wieder hat er sein Volk „heimgesucht" durch alles Gericht hindurch. Alles Weltgeschehen musste und muss dieser seiner besonderen Liebe zu seinem ersterwählten Volk dienen, nach Jahrhunderten der Verbannung und Verfolgung hat er es durch das Grauen des Holocausts, nach zwei Weltkriegen und durch die Gefahr der Assimilation hindurch wieder in seinem gelobten Land versammelt. So hat die Evangelische Kirche im Rheinland im 1. Grundartikel, Bekenntnisgrundlagen den Zusatz aufgenommen: „Sie (d.h. die EKiR) bezeugt die Treue Gottes, der an der Erwählung seines Volkes Israel festhält. Mit Israel hofft sie auf einen neuen Himmel und eine neue Erde."

Nach der erneuten Hinführung in das Gelobte Land steht die von den Propheten verkündigte Buße Israels über die Kreuzigung ihres Messias, den sie durchbohrt haben, unmittelbar bevor, diese geschieht beim das zweite Kommen des Sohnes Gottes, nun nicht mehr in Niedrigkeit und Verborgenheit, sondern in Macht und Herrlichkeit gemeinsam all seinen Erwählten: „Wenn aber Christus, euer Leben, offenbar wird, dann werdet ihr auch offenbar werden mit ihm in Herrlichkeit", Kolosser 3,4.

Der Reichtum der Vielfalt und Besonderheit in der Einheit der Liebe in Christus

Denn wie der Leib einer ist und hat doch viele Glieder, alle Glieder des Leibes aber, obwohl sie viele sind, doch ein Leib sind: so auch Christus. Denn wir sind durch einen Geist alle zu einem Leib getauft. 1.Korinther 12,12-13a

Der Schöpfer will keine Uniformität, sondern Freiheit in individueller Gestaltung: Das ist dem Menschen vom Schöpfer erkennbar, wenn er in dessen Schöpfung sieht: „Was man von Gott erkennen kann, ist unter ihnen offenbar; denn Gott hat es ihnen offenbart. Denn sein unsichtbares Wesen – das ist seine ewige Kraft und Gottheit – wird seit der Schöpfung der Welt, wenn man es wahrnimmt, ersehen an seinen Werken, sodass sie keine Entschuldigung haben. Denn obwohl sie von Gott wussten, haben sie ihn nicht als Gott gepriesen noch ihm gedankt, sondern sind dem Nichtigen verfallen in ihren Gedanken, und ihr unverständiges Herz ist verfinstert. Der ewige heilige Gott hat den Menschen dazu erschaffen, ihm in Heiligkeit ewig zu gehören, aber der Mensch hat sich von Gott gelöst, ist „gott-los" geworden und hat sich lieber der Vergänglichkeit, dem Nichtigen, der Ungerechtigkeit hingegeben:

Das schildert in Bildern die Schöpfungs- und Sündenfallgeschichte der Genesis.

 Eine Folge des Sündenfalls, den jeder Mensch durch seine Sünde wiederholt, ist die Eintönigkeit der Hässlichkeit der Sünde des Menschen, die die Schönheit der Heiligkeit Gottes zerstört. Jede Schneeflocke, die vom Himmel fällt ist einzigartig und keine wie die andere. Insofern zeigt sich schon hieran, dass der Schöpfer seine Schöpfung nicht abgeschlossen hat, sondern immer wieder Neues schafft, und dass der Reichtum, die Grundlage, das Zentrum, der Zusammenhalt für alles Geschaffene im Schöpfer selbst liegen und nicht im Wollen und Schaffen des Menschen. Vielmehr, besser vielweniger, zerstört der Mensch in seiner Gottlosigkeit und Ungerechtigkeit den Reichtum der Schöpfung Gottes, indem er sich und die anderen Geschöpfe von Gott isoliert.

Nur die wiederhergestellte Verbindung der Schöpfung durch den Schöpfer selbst vermag die Schöpfung wiederherzustellen.

Der Schöpfer hätte seine Schöpfung aufgeben können, nachdem sich seine Geschöpfe, die er zu ihrer Bewahrung und Bebauung eingesetzt hatte, von ihm getrennt hatten.

Aber er tat es nicht, weil er sie unendlich liebte, ja, er gab sogar das Liebste, das er hatte, um sie zu retten: Seinen einzigen Sohn.

In ihm stellt er die Heiligkeit, den Reichtum, die Vielfalt und die Einheit seiner Schöpfung wieder her: Denn wir sind durch einen Geist alle zu einem Leib getauft. Obwohl sie viele sind, sind sie doch ein Leib. Denn wir sind durch einen Geist alle zu einem Leib getauft. Alle – d.h. alle Menschen in ihrer individuellen Besonderheit sind doch eine Einheit in dem einen Geist Jesu Christi, der ihnen allen alle Freiheit lässt.

Solches Werk vermag kein Mensch, so mächtig er auch sein mag, zu tun, die ganze Menschheitsgeschichte ist ein Beweis dafür, wie zerstörerisch jede menschliche Herrschaft am Ende ist, wie sich immer wieder trotz bester Absichten die Sünde der Gottlosigkeit und Ungerechtigkeit im Zerfall der Reiche bemerkbar macht. Uniformität – geistiger und äußerer Art – soll den Zusammenhalt dieser menschlichen Schöpfungen garantieren, aber gerade sie erweist sich als Mittel, die eintönige Kraft des Bösen, der Sklaverei unter Satan, dem Fürsten dieser Welt. wirksam werden zu lassen.

Wo aber der Geist des Herrn ist, des Herrn Jesus Christus, in dem Gott eine neue Schöpfung, einen neuen Himmel und eine neue Erde, erschafft, in denen Gerechtigkeit wohnt, ist Freiheit in Vielfalt und Einheit zugleich.

Wenn Gott alles ist, was ist

Nun aber ist Christus auferweckt von den Toten als Erstling unter denen, die entschlafen sind. Denn da durch einen Menschen der Tod gekommen ist, so kommt auch durch einen Menschen die Auferstehung von den Toten. Denn wie in Adam alle sterben, so werden in Christus alle lebendig gemacht werden. Ein jeder aber in der für ihn bestimmten Ordnung: Als Erstling Christus; danach, die Christus angehören, wenn er kommen wird; danach das Ende, wenn er das Reich Gott, dem Vater, übergeben wird, nachdem er vernichtet hat alle Herrschaft und alle Macht und Gewalt.
 Denn er muss herrschen, bis Gott „alle Feinde unter seine Füße gelegt hat" (Ps 110,1). Der letzte Feind, der vernichtet wird, ist der Tod. Denn „alles hat er unter seine Füße getan" (Ps 8,7). Wenn es aber heißt, alles sei ihm unterworfen, so ist offenbar, dass der ausgenommen ist, der ihm alles unterworfen hat.
Wenn aber alles ihm untertan sein wird, dann wird auch der Sohn selbst untertan sein dem, der ihm alles unterworfen hat, auf dass Gott sei alles in allem. 1. Korinther 15,20-28

Seitdem Christus auferweckt und zu seinem Vater in den Himmel aufgefahren ist, leben wir in der Endzeit dieser Welt.

Diese Endzeit ist jetzt die Zeit des geistlichen Reiches Christis auf Erdem, dem Gott nach seinem gehorsamen Opfertod am Kreuz alle Macht gegeben hat im Himmel und auf Erden.

Auch wenn es uns oft nicht so scheinen mag, auch wenn Satan sich noch eine kleine Zeit als Fürst dieser Welt aufführen und Menschen verführen mag, diese „kleine Zeit" (Offb 20,3c) ist ihm doch nur gegeben von einem Stärkeren, Christus, er muss nur dessen Zielen als Retter und Richter dienen, der Menschen in der Endzeit dieser Welt in die Ent-Scheidung stellt, zu wem sie gehören wollen: „Als Erstling Christus; danach, die Christus angehören, wenn er kommen wird".

Wer sich jetzt nicht freiwillig und im Glauben für Christus entscheidet, wer seinem Geist in sich keinen Raum geben will, der muss dann einmal bei seinem Wiederkommen in Macht und Herrlichkeit seine Kniee vor ihm beugen, wenn er nach seinem geistlichen Endzeitreich sein messianisches Endzeitreich auf Erden errichten wird:

„Nachdem er vernichtet hat alle Herrschaft und alle Macht und Gewalt."

Das ist der große endzeitliche Auftrag Jesu und seiner Gemeinde: Beginnend im eigenen Herzen den guten Kampf des Glaubens gegen die Welt und ihre Mächte und ihren Fürsten, Satan zu kämpfen und zu gewinnen.

Wie gewinnt Jesus, wie gewinnen seine Jünger und Jüngerinnen diesen Kampf? Indem sie Gottes Willen tun ... Nicht wie ich will, sondern wie du willst", sagt Jesus in seinem Ringen im Garten Gethsemane vor seinem Kreuzestod.

Gottes Willen müssen dann alle Menschen aller Völker bei dem Wiederkommen Jesu in Herrlichkeit tun: Israel wird Buße tun für die Verwerfung ihres Messias, sie werden in ihm den erkennen, den sie durchbohrt haben, dann wird Jeus mit ihm ein universales Friedensreich über die ganze Welt aufrichten, denn ihm hat Gott die Herrschaft über die Welt gegeben, er hat sie sich durch seinen Opfertod für die Sünde der ganzen Welt „verdient", und das soll aller Welt offenbar werden. Gott gibt jetzt noch in seinem Sohn und in Geist und Wort Gnadenzeit und lässt Ungehorsam und Unglauben zu, aber er verzichtet nicht ewig auf seine Macht und sein Recht über seine Schöpfung.

Wenn nach dieser machtvollen Offenbarung Jesu und seines Geistes Menschen von diesem Geist wieder abfallen und ungehorsam werden, weil ihr Herz unverbesserlich böse ist, wird in einem letzten Weltgericht eine letzte Scheidung zwischen allen Menschen aller Zeiten und aller

Orten vollzogen, nach ihm wird diese alte Welt entfliehen und nur noch Gottes Reich alles sein, was ist.

Andreas Kleinschmidt

Das Geheimnis Christi

Gebete und Meditationen zu den Ich-Bin-Worten Jesu

Reihe: AZNT - Auslegung Zentraler Neutestamentlicher Texte - Band 2

Ich bin das Brot des Lebens. Wer zu mir kommt, den wird nicht hungern, und wer an mich glaubt, der wird nimmermehr dürsten. Joh. 6,35

Herr Jesus Christus,

Du bist nicht ein Brot unter anderen,
Du bist das Brot, von dem allein wir satt werden,
an Leib und Seele, in Zeit und Ewigkeit.

Sind wir einmal zu Dir gekommen
mit unserem Hunger nach Leben,
bleibst Du in uns als unser ewiges Leben.

Geloben wir uns Dir zu eigen,
gibst Du uns Gnade um Gnade
aus Deiner göttlichen Fülle.
Die ganze Ewigkeit
schenkst Du uns
in einem einzigen liebevollen „Augenblick",

die vollkommene Liebe
in einer einzigen, kleinen,
aber innige Berührung,

und unseren Vater im Himmel
einzig
in deinem Kreuz auf Erden.

Alle unsere Bedürfnisse werden erfüllt
Durch Deines Vaters Bedürfnis,
uns seine Liebe zu schenken.

Er gibt sie uns in Dir,
in Deiner Hingabe für uns,
wird er uns mit Dir nicht alles schenken?

Hier auf Erden seine Kraft,
die in uns Schwachen
mächtig ist.

Dort im Himmel seine Kraft,
die in uns Mächtigen
mächtig ist.

Hier sind wir traurig froh,
haben wir Freude in allem Leide,
dort sind wir ewig froh.

Hier haben wir einen schwachen Leib,
dort haben wir einen Herrlichkeitsleib,
der vollkommen und ewig ist.

Meditation nach Johannes 6

Nachdem Jesus fünftausend leiblich satt gemacht hat, suchen sie ihn, weil sie von ihm irdisches Heil erwarten, aber Jesus weist sie zurecht: Müht euch nicht um Speise, die vergänglich ist, sondern um Speise, die da bleibt zum ewigen Leben. Dies wird euch der Menschensohn geben; denn auf ihm ist das Siegel Gottes des Vaters.

Zur Speise, die vergänglich ist, gehört ja alles Irdische, alle materiellen wie geistigen Güter, Reichtümer aller Art, wissenschaftliche, kulturelle – darum sollen wir uns nicht mühen. Das heißt nicht, dass wir nicht für sie sorgen und sie gebrauchen sollen, aber mühen von ganzem Herzen sollen wir uns nur um das, was nur Jesus uns zu geben vermag, Gottes Gnade aus dem Himmel.

Denn nur dieses Heil, das uns dieser Heiland, der Sohn Gottes vom Vater bringt, hat Ewigkeitswert und Bestand.

Jesus gibt dieses Brot und er ist in seiner Person und seinem Werk dieses Brot selbst.

Und er gibt sich uns in der Hingabe seines Lebens am Kreuz von Golgatha, wir leben, weil er dort für uns starb den Tod der Gottverlassenheit, damit er uns nicht mehr verlassen muss wegen unserer Sünde, sondern uns die Gerechtigkeit seines Sohnes zueignen kann, mit der wir vor ihm bestehen und ewiges Leben haben.

Nun aber, sagt Gott im Schöpfungsbericht, dass der Mensch nur nicht ausstrecke seine Hand und nehme von dem Baum des Lebens und esse und lebe ewiglich! Da wies ihn Gott aus dem Garten Eden, dass er die Erde bebaute, von der er genommen war.

Das bebauen der Erde, das Sorgen um Irdisches ist also eben kein Zeichen seiner Größe, so weit er es dabei auch bringen mag, sondern des Fluches Gottes über ihn, der Ausweisung aus seiner Nähe. Und Gott trieb den Menschen hinaus und ließ lagern vor dem Garten Ede die Cherubim mit dem flammenden, blitzenden Schwert, zu bewachen den Weg zu dem Baum des Lebens.

Erst der gekreuzigte und auferstandene Christus hat denen, die an ihn glauben, wieder den weg frei gemacht zum Baum des ewigen Lebens:

Und der Engel zeigte mir einen Strom lebendigen Wassers, schreibt der Seher der Offenbarung, klar wie Kristall, der ausgeht von dem Thron Gottes und des Lammes, mitten auf ihrer Straße und auf beiden Seiten des Stromes Bäume des Lebens.

Ich bin das Licht der Welt. Wer mir nachfolgt, der wird nicht wandeln in der Finsternis, sondern wird das Licht des Lebens haben. Joh. 8,12

Gebet:

Herr Jesus Christus,

was hilft uns Dein Licht,
wenn wir nicht in seiner Nähe leben?

Was hilft uns Dein Licht,
wenn wir uns von Irrlichtern blenden lassen?

Was hilft uns Dein Licht,
wenn es für uns nur ein Licht unter anderen ist?

Dein Licht hilft uns,
wenn es das eine wahre Licht unseres Lebens ist,

wenn es uns unseren Weg
Tag und Nacht erhellt,

bis wir aus aller Finsternis erlöst sind,
und Du selbst unsere ewige Sonne bist.

Meditation nach Johannes 9

Ein inneres Gericht will Gott in uns durch seinen
Sohn wirken, es soll sich entscheiden, ob wir
durch ihn sehend werden oder blind bleiben.
Die Entscheidung trifft jeder Mensch für sich
selber. Hält er sich ohne Jesus für sehend, wird er
blind für das Licht der Wahrheit über sich selbst
und über den Sohn Gottes, er erkennt in ihm nicht
seine eigene Dunkelheit der Sünde und das Licht
der rettenden Gnade in Jesus. So wird er blind,
auch wenn er sich selbst für sehend halten mag,
denn seine Sünde bleibt.
Ein Blindgeborener wird nach seiner Heilung zum
Christuszeugen: Von Anbeginn der Welt an hat
man nicht gehört, dass jemand einem
Blindgeborenen die Augen aufgetan habe. Wäre
dieser nicht von Gott, er könnte nichts tun.
Denen er dies bezeugt, schmähen ihn und damit
indirekt auch Jesus, der ihn geheilt hat, dessen
Heiligkeit und göttliche Vollmacht sie nicht
anerkennen wollen, weil sie dann ihre eigene
Sündhaftigkeit und menschliche Ohnmacht
anerkennen müssten.
Und so erweist es sich wieder einmal, dass nur der
zum Christuszeugen werden kann, der ihn zuvor
am eigenen Leib und an der eigenen Seele als
seinen persönlichen Herrn und Heiland erfahren
hat.

Wir müssen die Werke dessen wirken, der mich gesandt hat, solange es Tag ist; es kommt die Nacht, da niemand wirken kann. Solange ich in der Welt bin, bin ich das Licht der Welt.

Wir müssen wirken– sagt Jesus, und er meint damit sich selbst und alle seine Jüngerinnen und Jünger.

Und er meint damit die wahre Blindheit und das wahre Licht, das es zu erkennen gilt durch das Werk der Verkündigung des Evangeliums von Gottes Gnade in Jesus: Diese ernste und frohe Botschaft will jedem Menschen die Augen öffnen für die Dunkelheit der Sünde, die ihn von Gott trennt, und für das Licht der Wahrheit, das ihm im Glauben an das Kreuz und die Auferstehung Jesu geschenkt wird.

Ich bin der gute Hirte und kenne die Meinen und die Meinen kennen mich, wie mich mein Vater kennt; und ich kenne den Vater. Und ich lasse mein Leben für die Schafe. Joh. 10,14

Herr Jesus Christus,

Du kennst uns,
wie wir sind,
und liebst uns dennoch.

Wir kennen Dich,
wie Du bist,
und lieben Dich deshalb.

Wir kennen dich,
wie Dich Dein Vater kennt:
Dein Dienst für ihn ist Dein Dienst für uns.

Er kennt Deinen Gehorsam,
der nur seinen Willen tut,
und ihm so seine Ehre gibt.

Wir kennen Deinen Gehorsam,
der nur seinen Willen tut
und uns so seine Gnade gibt.

Er kennt Deine Liebe,
die nur seinen Willen tut
und sich für ihn und uns hingibt

bis in den Tod der Gottverlassenheit,
damit wir in Gott leben
in Ewigkeit.

Meditation nach Johannes 10

Nur wer zur Herde Jesu Christi, des guten Hirten gehört, glaubt an ihn. Denn die Schafe der Herde Christi sind ihm von seinem himmlischen Vater gegeben worden, deshalb kann sie nichts Irdisches, auch nicht der Unglaube, aus des Vaters Hand reißen. Gott und sein Himmel sind größer als alles Erschaffene.

Wundern wir uns also nicht über die vielen Ungläubigen, sondern seien wir Gott dankbar für die wenigen Gläubigen, die er zu seiner Herde erwählt hat.

Gott hat seine Schafe seinem Sohn gegeben, und dieser leitet sie durch sein Wort und seinen Geist. Der Grund dafür, dass Gott seine Schafe seinem Sohn gibt, ist seine Liebe zu ihm, und der Grund für seine Liebe zu ihm, ist seine gehorsame Hingabe für seine Schafe. Darin erfüllt er den Willen Gottes, der seine Schafe, uns Menschen, so sehr liebt, dass er seinen einzigen Sohn hingibt, damit sie nicht verloren werden,
sondern das ewige Leben haben.

Ich bin die Auferstehung und das Leben, Wer an mich glaubt, der wird leben, ob er gleich stürbe, und wer da lebt und glaubt an mich, der wird nimmermehr sterben. Johannes 11, 25.26a

Herr Jesus Christus,

kein Leben ohne Glauben,
und kein Glaube ohne Leben,
das eine gibst du uns mit den anderen.

Nur Auferstehungsleben ist wahres Leben,
nur Glaube an Dich ist wahrer Glaube
und rettet uns von dem Tod in Sünden.

Durch Deine Auferstehung rechtfertigst Du uns
und befreist uns von der Sklaverei
durch Satan, Sünde und Tod,

und gibst uns statt unseres eigenwilligen
Dein durch dich geführtes,
neues Leben in Zeit und Ewigkeit.

Meditation nach Johannes 11

Wenn wir merken, dass wir krank sind, und wenn wir mit unserer Krankheit zu Jesus kommen wie die beiden Schwestern Maria und Marta für ihren Bruder Lazarus, dann sagt Jesus auch zu uns:

Diese Krankheit ist nicht zum Tode, sondern zur Verherrlichung Gottes, dass der Sohn Gottes dadurch verherrlicht werde.

Dann gilt auch für uns, was der Evangelist Johannes über Jesus schreibt: Er aber hatte Marta lieb und ihre Schwester und Lazarus.

An dieser Liebe Jesu zu uns hängen wir wie an einem seidenen Faden, sie entscheidet über unser Schicksal in Zeit und Ewigkeit, über Tod und Leben.

Deshalb gilt es für uns, diese Liebe recht zu erkennen und in ihrem Licht die Krankheit, ja den Tod, aus dem sie uns erretten will.

Damit wir zu diesem himmlischen Licht kommen, lässt Jesus es auf Erden ganz dunkel werden:

„Da sagte ihnen Jesus frei heraus: Lazarus ist gestorben; und ich bin froh um euretwillen, dass ich nicht dagewesen bin, auf dass ihr glaubt… Lazarus, komm heraus."

Hören wir dieses Wort Jesu an uns gerichtet als Einladung, uns von Jesus im Glauben das ewige Leben schenken zu lassen, uns aus den Gräbern irdischer Mächte und Menschen gefangen halten zu lassen, können auch wir erfahren:

Und der Verstorbene kam heraus, gebunden mit Grabtüchern an Füßen und Händen...

Und auch wir hören das Gebot Jesus:

Löst die Binden und lasst ihn gehen –

als aus der Todeswirklichkeit dieser Welt für das ewige Leben befreite, wiedergeborene Kinder Gottes.

Ich bin der Weg und die Wahrheit und das Leben, niemand kommt zum Vater denn durch mich. Johannes 14,6

Herr Jesus Christus,

alle unsere eigenen Wege
zu Gott, zu uns selbst, zu unserem Nächsten
führen uns nicht zum Ziel,
sondern sind tödliche Irrwege.

Denn die Wege zu uns selbst
und zu unserem Nächsten
führen nur über unseren Vater im Himmel,
unsere eigenen sind wegsam geworden

durch trügerische Worte
statt ehrlicher Worte,
die zwar schmerzen,
aber die rechten Wegweiser sind.

Du bist unser „Heiland",
Du bist unser „Heilsweg" zu Gott,
und dadurch auch zu uns selbst
und zu unserem Nächsten

durch Deine Liebe,
mit der wir Dich,
unseren Nächsten
und uns selbst lieben.

Meditation nach Johannes 14

Der Weg zum Vater geht über den Sohn, deshalb fordert uns Jesus auf, ihm zu glauben, dass er im Vater ist und der Vater in ihm.

Diese Glaubenserkenntnis empfangen wir nur durch eine Offenbarung des Heiligen Geistes, sie unterscheidet, d.h. sie scheidet uns von der Welt, es ist der Geist der Wahrheit, den die Welt nicht empfangen kann, sie hat einen anderen Geist, einen Lügengeist von Satan, dem Fürsten dieser Welt, der sie verführt, ihm zu folgen, statt auf die Gebote Jesu zu hören.

Der Geist schenkt uns die Liebe zu Jesus, diese Liebe beweisen wir durch unseren Gehorsam, dadurch, dass wir uns an Jesu Wort halten.

Der Vater wird unseren Glaubensgehorsam seinem Sohn gegenüber mit seiner Liebe beantworten, und beide, Vater und Sohn, werden zu uns kommen und Wohnung bei uns nehmen.

Wohnung nehmen heißt, er ist nicht einmal da und ein anderes mal nicht da, sondern er ist immer geistesgegenwärtig, d.h. sein Geist ist bleibend in uns und führt uns innerlich und äußerlich immer nach seinen Geboten.

Und sein Geist lässt uns Freude empfingen darüber, dass Jesus zum Vater geht, dass er durch seinen Tod für uns erhöht wird zu Gott, dass er durch diesen Gehorsamsweg seine Liebe zu seinem Vater, seine Unterordnung unter ihn, der größer ist als er, erweist, dass er seine Gebote hält und sich der Welt und Satan, ihrem Fürsten, ausliefert – scheinbar ohnmächtig, aber in Wahrheit überwindet er in dieser Hingabe Welt und Satan für uns, die wir im Glauben an ihn, den Weltüberwinder, ebenfalls zu Weltüberwindern werden. So schenkt er uns bereits in der Zeit den Frieden der Ewigkeit, den Frieden mit Gott, seinem Vater und die vollmächtige Zusage:

Ich lebe, und ihr sollt auch leben.

Das spricht er hinein in unser Mit-gekreuzigt-werden mit ihm, in alle Leiden, die wir als seine Zeugen, als seine „Märtyrer" in dieser gottlosen Welt von gottlosen Menschen erfahren, die uns ohnmächtig erscheinen lassen, in denen wir aber in der Kraft seines Geistes das Böse mit dem Guten überwinden.

Wie tröstlich ist es für uns, mitten in allen Drangsalen, die uns der Fürst dieser Welt wie dir zufügt, zu wissen, dass es zwar seine Stunde ist, dass sie ihm aber nur von einem Größeren gegeben ist, dass er letztlich keine Macht über uns hat, so wie er auch keine Macht über Christus hatte, dass er letztlich nur dem guten Heilswillen Gottes dienen muss, dass er immer nur Gottes Teufel ist, durch die Drangsale, die er dem Sohn Gottes zugefügt hat, ist uns ewiges Heil geworden, die Drangsale, die er uns zufügt, müssen uns, die wir Gott lieben, zum Besten dienen, zu größerer Liebe, stärkerem Vertrauen, Bewährung in gehorsamer Nachfolge.

Ich bin der Weinstock, ihr seid die Reben. Wer in mir bleibt und ich in ihm, der bringt viel Frucht, denn ohne mich könnt ihr nichts tun. Johannes 15,5

Herr Jesus Christus,

es ist ein vernichtendes Urteil,
das Du über uns fällst:
Ohne Dich sind wir nichts
und vermögen wir nichts.

Nehmen wir aber Dein Urteil an,
sterben wir unserem alten Leben,
gibst Du uns Dein neues Leben,
können wir Dir viel Frucht bringen.

Wenn wir bei uns selber bleiben,
verlieren wir uns und unser Leben,
wenn wir unser Leben hingeben an Dich,
gewinnen wir Dich und unser Leben.

Denn Du selbst bist das Leben,
im Glauben an Dich überwinden wir
Satan, Sünde, Leid und Tod
sind wir Wiedergeborene für die Ewigkeit,

solche, die nichts haben in sich selbst
und doch alles haben in Dir.

Meditation zu Johannes 15

Nicht wir haben Christus erwählt, sondern er hat uns erwählt und bestimmt, dass wir hingehen und bleibende Frucht bringen.

Wenn er der wahre Weinstock und wir die Reben sind, können wir nur leben und Frucht bringen in der Verbindung zu ihm, losgelöst von ihm und nach anderen Verbindungen suchend gibt es für uns weder Leben noch Frucht.

Auch gibt es für uns kein Leben und keine Frucht, wenn unsere Frömmigkcit bei uns selber bleibt, wenn sie aus unserer alten sündigen Natur geboren wird, auch wenn wir mit ihr Christus erreichen wollen, so gelingt es uns nicht, dann bleiben wir tot in toten Werken, wie Paulus sagt, erst wenn Christus sein Heilswerk an uns tut, bekommen wir neues Leben und bringen bleibende Frucht.

Diese Frucht ist dann nicht unser Wirken, sondern das Wirken Gottes durch uns, denn worum wir dann den Vater bitten im Namen Jesu, das gibt er uns, Jesu Name, seine Kraft, sein Wesen muss sich in unserem Wirken äußern.

Jesu Wesen ist die Liebe Gottes, alles, was nicht aus dieser Liebe geboren ist, hat kein Leben, ist keine bleibende Frucht, deshalb sagt Jesus: Das gebiete ich euch, dass ihr euch untereinander liebt.

Sind wir getrennt von Christus, dem Weinstock, ist dies das schwerste, ja unmögliche Gebot; bleiben wir in ihm, so wirkt sein neuer Geist der Kraft und der Liebe in uns bleibende Früchte der Liebe.

Andreas Kleinschmidt

Das Geheimnis Christi

Predigten zu letzten Worten Jesu am Kreuz

Reihe AZNT: Auslegung zentraler Neutestamentlicher Texte - Band 3

Das Gottvertrauen Jesu

Und es war schon um die sechste Stunde, und es kam eine Finsternis über das ganze Land bis zur neunten Stunde, und die Sonne verlor ihren Schein, und der Vorhang des Tempels riss mitten entzwei. Und Jesus rief laut: Vater, ich befehle meinen Geist in deine Hände! Und als er das gesagt hatte, verschied er. Lukas 23,44-45

Liebe Gemeinde,

hier geht etwas endgültig zu Ende und es beginnt etwas vollkommen Neues: Die Sonne dieser ersten Schöpfung und mit ihr diese ganze Schöpfung hört auf zu sein, ausgedrückt wird dies hier im Bild, dass sie ihren Schein verliert, in der Offenbarung des Johannes Kapitel 20 und 21 heißt es:

Und ich sah einen großen, weißen Thron und den, der darauf saß; vor seinem Angesicht flohen die Erde und der Himmel, und es wurde keine Stätte für sie gefunden.... Und ich sah einen neuen Himmel und eine neue Erde; denn der erste Himmel und die erste Erde sind vergangen, und das Meer ist nicht mehr. ... Und die Stadt bedarf keiner Sonne noch des Mondes, dass sie ihr scheinen; denn die Herrlichkeit Gottes erleuchtet sie, und ihre Leuchte ist das Lamm.

Der Grund für das Ende des Alten und für den Beginn des Neuen: Der Vorhang des Tempels riss durch den Tod Jesu mitten entzwei, d.h. nun war der Weg in das Allerheiligsten zu Gott für den Sünder frei durch Jesus selbst, der von sich im Johannesevangelium sagt:

Ich bin der Weg, die Wahrheit und das Leben, niemand kommt zum Vater denn durch mich.

Vater, ich befehle meinen Geist in deine Hände – weil diese Lebensaufgabe Lebenshingabe an den

Vater ist, weil sie an dem Gott der Liebe festhält gegen jeden Augenschein, gegen jede Erfahrung ist sie Lebensgewinn, der dem Jünger und der Jüngerin ebenso verheißen wird, wie Jesus im Johannesevangelium sagt: Wer mir folgen will, der verleugne sich selbst und nehme sein Kreuz auf sich täglich und folge mir nach. Denn wer sein Leben erhalten will, der wird es verlieren; wer aber sein Leben verliert um meinetwillen, der wird`s erhalten. Denn welchen Nutzen hätte der Mensch, wenn er die ganze Welt gewönne und verlöre sich selbst oder nähme Schaden an sich selbst?

Jesus gibt hier die Welt auf, um den Himmel zu gewinnen.

Und wie Paulus erlebt es auch jeder Christ in der Nachfolge Jesu: „Was mir Gewinn war, das habe ich um Christi willen für Schaden erachtet. Ja, ich erachte es noch alles für Schaden gegenüber der überschwänglichen Erkenntnis Christi Jesu, meines Herrn. Um seinetwillen ist mir das alles ein Schaden geworden, und ich erachte es für Dreck, auf dass ich Christus gewinne." Phil 3,7-8

So kann auch unser Kreuzesweg zum Heilsweg werden, wenn wir uns auf ihm Gott immer wieder ganz anvertrauen, wenn wir nichts auf dieser Welt von dieser Welt festhalten, sondern hingeben an Gott, wie einst Abraham seinen Sohn bereit war zu opfern und ihn danach, als Gott seinen Glauben geprüft hatte, als sich erwiesen hatte, das er ihm ganz vertraute und gehorsam war, neu schenkte: So hat er ja auch Jesus seinen Geist und sein Leben wiedergeschenkt als himmlisches Leben, und so erfährt es jeder, der in der Nachfolge Jesu sich von ihm gleiches Gottvertrauen schenken lässt: Ich fahre auf zu meinem Vater und eurem Vater, zu meinem Gott und eurem Gott.

Die Gottverlassenheit Jesu

Und zu der sechsten Stunde kam eine Finsternis über das ganze Land bis zur neunten Stunde. Und zu der neunten Stunde rief Jesus laut: Eli, Eli, lama asabtani? Das heißt übersetzt: Mein Gott, mein Gott, warum hast du mich verlassen?
Markus 15,33-34

Liebe Gemeinde Jesu,
warum ruft Jesus hier Gott zweimal an?
Die Suche nach einer Antwort auf diese Frage führt zunächst zu Psalm 22, dessen Worte Jesus hier aufnimmt.
Aber warum nimmt er sie auf und damit diesen zweifachen Anruf Gottes.
Der Psalmbeter spricht: „Mein Gott, mein Gott, warum hast du mich verlassen. Ich schreie, aber meine Hilfe ist ferne. Mein Gott, des Tages rufe ich, doch antwortest du nicht, und des Nachts, doch finde ich keine Ruhe."
Damit begründet er den ersten Aufschrei zu Gott, nämlich seine Verlassenheit von Gott.
Damit endet er aber nicht.
„Aber du bist heilig, der du thronst über den Lobgesängen Israels. Unsere Väter hofften auf dich; und da sie hofften, halfst du ihnen heraus. Zu dir schrien sie und wurden errettet."
Damit begründet er den zweiten Aufschrei zu Gott: Dass er gegen Gott an Gott festhält.
Diese Doppelung findet sich auch in dem „Warum" wieder, „warum hast du mich verlassen".
Einmal ist dieses Warum eine Frage im Blick auf das gegenwärtige leidvolle Geschehen der Kreuzigung, der Verlassenheit von Gott und Mensch. Und zum anderen klingt in ihm schon das zukünftige Wozu an, die Frage, zu welchem

Ziel Gott ihn verlassen hat, denn Jesus hält ja an der Heiligkeit und der Errettung durch Gott fest, an dem Vertrauen, dass Gott „über allem thront", dass er die Herrschaft über alles und alle behält auch in dieser Stunde seiner größten Todesnot.

Eine Finsternis kam über das ganze Land, d.h. der Tod dieses einen Menschen hat Bedeutung, Auswirkung auf ganz Israel, ja auch die ganze Welt: Zunächst stürzt es die Welt in die Finsternis zurück, aus der Gott sie einmal erschaffen hat:

Am Anfang schuf Gott Himmel und Erde. Und die Erde war wüst und leer, und Finsternis lag auf der Tiefe, heißt es im Schöpfungsbericht in Genesis 1. Dahinein hat die Sünde des Menschen die ganze heile Schöpfung Gottes wieder zurückversetzt, den Tiefpunkt der Zerstörung der Heilsabsichten Gottes erreicht die Sünde hier in der Verwerfung des Sohnes Gottes durch die Welt, die doch durch ihn erschaffen ist.

Drei Stunden hält diese Finsternis an, sie hätte ewig dauern können, Gott hätte seiner Schöpfung und seinen Geschöpfen ein Ende machen können – aber seine Liebe zu den Sündern ist so groß, dass er ihnen in seinem Sohn neues Heil schenkt, indem er sie zu neuen Geschöpfen in seiner neuen Schöpfung macht. So wie Jesus nach drei Tage aus den Toten auferweckt wird, so ist auch hier die Zahl drei (am dritten Tage auferstanden von den Toten) der Hinweis auf das durch den Tod, durch die Finsternis des Gerichtes an Jesus hindurch wirksam werden Heilshandeln Gottes an uns Menschen – an die, die dieses Handeln an sich wirksam werden lassen durch ihren Glauben an Jesus:

So sehr hat Gott die Welt geliebt, dass er seinen einzigen Sohn gab, auf dass alle, die an ihn glauben, nicht verloren werden, sondern das ewige Leben haben, Joh. 3,16.

Das Vollbringen Jesu

Danach, als Jesus wusste, dass schon alles vollbracht war, spricht er, damit die Schrift erfüllt wird: Mich dürstet. Da stand ein Gefäß voll Essig. Sie aber füllten einen Schwamm mit Essig und legten ihn um einen Ysop und hielten ihm den an den Mund. Da nun Jesus den Essig genommen hatte, sprach er: Es ist vollbracht. Und neigte das Haupt und verschied. Johannes 19,28-30

Liebe Gemeinde,

hier am Kreuz Jesus offenbaren sich Gott und Mensch, Vordergründiges und Hintergründiges, Leere und Fülle in einer letzten, endgültigen Weise.

1.Es offenbart sich endgültig, wer Gott und wer wir Menschen sind.

Als endgültig sündhaft und hoffnungslos verloren erweist sich der Mensch, wenn er allein auf sich gestellt ist, denn dann ist er seinem Sündenfall völlig hilflos ausgeliefert, er vermag sich selber nicht zu helfen, das muss sich darin offenbaren, dass er, das Geschöpf, seinen Schöpfer aus dessen Schöpfung hinausdrängt, indem er den Sohn, den einzig Gerechten, Sündlosen, den Gott ihm gesandt hat zu seiner Rettung aus seiner Sündennot, verwirft und die Sünde und Satan, den Verführer zur Sünde, ihm vorzieht – tiefer kann der Mensch nicht mehr sinken:

„Das war das wahre Licht, das alle Menschen erleuchtet, die in diese Welt kommen. Es war in der Welt, und die Welt ist durch dasselbe gemacht; und die Welt erkannte es nicht. Er kam in sein Eigentum; und die Seinen nahmen ihn nicht auf", Joh. 1,9-10.

Schöpfungs- Gnaden- und Gerichtswerk in einem ist das Werk Jesu, das er hier am Kreuz vollbringt, sein Leben geht hier am Kreuz nicht zu Ende, etwa durch das Tun der Menschen, die an ihm schuldig werden, es geht zu dem Ziel, das er selber sich gesetzt hat, und die Menschen und die äußeren Umstände dienen nur dem einen Ziel, einschließlich des Verrats des Judas: Der Erhöhung Jesu am Kreuz durch seine Erniedrigung hindurch.

Damit die Schrift erfüllt wird heißt: Damit der Wille Gottes, den er schon durch sein Wort längst offenbart hat, erfüllt wird: Mich dürstet, und damit sich so die größere Macht Gottes, die alles in Händen behält, hier in der größten Ohnmacht des Sohnes Gottes erweist.

In Psalm 22,16 heißt es: Meine Kräfte sind vertrocknet wie eine Scherbe, und meine Zunge klebt mir am Gaumen, und du legst mich in des Todes Staub.

Psalm 69,22: Sie geben mir Galle zu essen und Essig zu trinken für meinen Durst.

Gott erfüllt seine Verheißungen genau, auf ihn und das Wirken seines Geistes ist Verlass, wo alle Menschen von allen guten Geistern verlassen sind.

Das ist zutiefst schrecklich und tröstlich zugleich: Weil unser Heil hundertprozentig, also „allein" von Gottes Gnadenhandeln in Christus abhängt, weil dieser am Kreuz von allen Menschen „allein" gelassen wurde und also nicht von unserem menschlichen Mitwirken abhängig war und ist, kann es auch durch nichts in dieser Welt mehr erschüttert werden:

„Denn es ist hier kein Unterschied: Sie sind allesamt Sünder und ermangeln des Ruhmes, den sie bei Gott haben sollen, und werden ohne Verdienst gerecht aus seiner Gnade durch die Erlösung, die durch Christus Jesus geschehen ist", Römer 3, 22c-24.

Der seinen eigenen Sohn nicht verschont hat, fragt Paulus im Römerbrief wird der uns mit ihm nicht alles schenken. Nichts Geschaffenes kann uns jetzt noch von Gottes Liebe in Christus trennen, denn diese ruht allein auf dem Schöpfer und nicht auf der Schöpfung.

Es ist, wie der Liederdichter schreibt:

Nichts hab` ich zu bringen, alles, Herr, bist du.

So offenbaren sich Gott und Mensch am Kreuz in ganzer Radikalität und Wahrheit: Der Mensch ein Nichts und Gott alles.

2. Daraus folgt, dass sich Vordergründiges und Hintergründiges auf endgültige Weise offenbaren müssen: Damit die Schrift erfüllt wird, spricht Jesus: Mich dürstet. Da stand ein Gefäß voll Essig.

Im Johannesevangelium können wir uns sicher sein, dass Jesus hier mit dem Durst nicht nur den leiblichen, sondern auch den seelischen und geistlichen Durst nach Gott meint.

Als Mensch gewordener Sohn Gottes offenbart er also in der Äußerlichkeit des leiblichen Durstes die tiefste Gottesnot des Menschen: Dass es ihm nach Gott dürstet, weil er sein Schöpfer ist, aus dem er lebt, in dem er lebt und für den er lebt, den er aber verloren hat durch seine Sünde, und dass er verdursten, sterben wird, wenn ihm dieser Durst nicht gestillt, wenn ihm aus der Verlorenheit seiner Sündennot nicht herausgeholfen wird.

Dazu aber ist der Sohn Gottes aus seiner Einheit mit Gott ausgegangen in die Gottverlassenheit, hat die Sünde, den Durst des sündigen Menschen auf sich genommen, damit dieser im Glauben an ihn zur Lebensquelle, zum lebendigen Wasser der Gottesverbindung zurückfindet.

Das ist der tiefe Hintergrund des äußerlichen Geschehens hier, die Tiefe der Sündennot wird durch die tiefe Verwurzelung des Heils und des Heilandes in der Geschichte Gottes mit seinem Volk überwunden: Damit die Schrift erfüllt würde.

Gott lässt uns hier einen tiefen Einblick in die Größe seines Heilshandelns gerade auch noch im größten Unheil nehmen – dies gilt für den gekreuzigten Christus und auch für uns, die wir uns mit ihm kreuzigen lassen: Auch unser Kreuzesweg ist im tiefsten Grund ein Heilsweg bis in alle Einzelheiten ist alles für uns bereits vorbereitet, damit Gott mit uns zu seinem Ziel kommt. Nur durch das Mitsterben mit Christus kommen wir mit ihm auch zum Leben, zum ewigen Leben, wer bereit ist, sein Leben für dieses ewige Leben zu opfern, der wird es gewinnen, wer aber nicht bereit ist, sein irdisches Leben dafür hinzugeben, der wird sein irdisches Leben und das ewige Leben verlieren.

Dass wir auf dem richtigen Weg, auf dem Weg des ewigen Lebens in der Kreuzesnachfolge Christis sind, können wir wie Christus an der Erfüllung unserer Bitten und der Verheißungen Gottes für alle Angelegenheiten unseres Lebens und Sterben, der großen wie der kleinen – bei Jesus war es hier ein Schluck Essig – immer wieder feststellen. Gott sorgt sich dabei um alles, nichts ist ihm zu klein und zu gering, wir dürfen von einem Wunder zum andern gehen, immer geführt auf dem vorbereiteten Kreuzes- und Heilsweg mit unserem Herrn. Und dabei erfahren wir die Wahrheit, die ein Kirchenlied mit den Worten ausdrückt: In dir ist Freude in allem Leide, o du süßer Jesu Christ, in dir wir haben himmlische Gabe. Das ist das besondere Anliegen des Johannes-Evangeliums: Wie sich gerade in der tiefen Erniedrigung Jesu durch die Menschen schon seine Erhöhung durch Gott bis in die kleinsten Einzelheiten hinein verwirklicht, und dass alle seine Jünger und Jüngerinnen wissen dürfen, dass es ihnen genauso in der Nachfolge ebenso ergeht: Wie mich der Vater gesandt, so sende ich euch.

Andreas Kleinschmidt

Das Geheimnis Christi

Die weiten Perspektiven der Petrusbriefe

Reihe AZNT: Auslegung Zentraler Neutestamentlicher Texte - Band 4

Ihr wisst, dass ihr nicht vergänglichem Silber oder Gold erlöst seid von eurem nichtigen Wandel nach der Väter Weise, sondern mit dem teuren Blut Christis als eines unschuldigen und unbefleckten Lammes. 1. Petrus 1, 18-19

Die Erlösung steht nicht am Ende der Bemühungen eines Menschen, sondern ist bereits durch Christus geschehen: Das „es ist vollbracht" Jesu am Kreuz steht über jedem der Auserwählten Gottes, an die auch Perus hier schreibt: Petrus, Apostel Jesu Christi, an die auserwählten Fremdlinge, beginnt er seinen Brief.

Erlöst von aus einem nichtigen, vergeblichen, inhaltslosen, sinnlosen Leben und Handeln, das eben nicht zum Ziel, zum Leben, zur Lebenserfüllung in Gott führt, weil es der in Sünde gefallenen Schöpfung durch die Erbsünde verfallen bleibt: Durch jede Sünde offenbart jeder Mensch dieselbe Verfallenheit an die Sünde wie seine Väter, aus diesem Sündenfall vermag allein das stellvertretende Sühneopfer Christi zu erretten, weil er allein sündlos, fleckenlos rein war.

Weil er als der einzig reine sündlose Mensch auch der Sohn Gottes war, kann Gott jedem Menschen sein Opfer zur Vergebung der Sünden anrechnen, der ihn glaubt.

Nicht mit vergänglichem Silber oder Gold – diese wertvollen irdischen Metalle stehen als Symbole für den Unwert alles Sichtbaren gegenüber dem Unsichtbaren für „uns, „die nicht sehen auf das Sichtbare, sondern auf das Unsichtbare. Denn was sichtbar ist, das ist zeitlich; was aber unsichtbar ist, das ist ewig", 2.Kor. 4,18.

Das Kreuz Christi ist einerseits unsere vollkommene Erlösung ohne uns für uns, und nur als ohne uns geschehen, kann sie auch mit Gewissheit für uns sein, denn sie beruht nicht auf uns sündigen Menschen, sondern auf den, der die Sünder vollkommen liebt, dem Sohn Gottes, den Gott uns als einzigen Weg zu sich geschenkt hat.

Aber dessen Kreuz wirkt unser Mit-gekreuzigt-werden: „Darum werden wir nicht müde; sondern wenn auch unser äußerer Mensch verfällt, so wird doch der innere von Tag zu Tag erneuert. Denn unsre Bedrängnis, die zeitlich und leicht ist, schafft eine ewige und über alle Maßen gewichtige Herrlichkeit", 2.Kor. 4,16-17.

Der sonst nichtige Wandel auf Erden muss jetzt bei den Christusgläubigen dazu dienen, eine ewige, über alles irdisch Begreifbare und Wertvolle hinausragende himmlische Herrlichkeit zu schaffen.

Die Erde wird für den Himmel in Dienst genommen, das ist noch ihre einzige Daseinsberechtigung, bevor sie als Sichtbares, Zeitliches, Vergängliches vergeht.

Wie aber geschieht dieses Schaffen und Erlösen im Leben eines Menschen, der Jesus glaubt und ihm in seinem Geist nachfolgt?

Durch die Bedrängnis, die er erfährt, und in der Geduld, Bewährung und Hoffnung in ihm genau zu dem Maß hinwachsen, das Gott für ihn als Frucht für die Ewigkeit bestimmt hat, damit er die Fülle Christi erreicht:

„Wir rühmen uns auch der Bedrängnisse, weil wir wissen, dass Bedrängnis Geduld bringt, Geduld aber Bewährung, Bewährung aber Hoffnung, Hoffnung aber lässt nicht zuschanden werden; denn die Liebe Gottes ist ausgegossen in unsre Herzen durch den Heiligen Geist, der uns gegeben ist". Römer 5,3b-5

„Damit die Heiligen zugerüstet werden zum Werk des Dienstes. Dadurch soll der Leib Christi erbaut werden, bis wir alle hingelangen zur Einheit des Glaubens und der Erkenntnis des Sohnes Gottes, zum vollendeten Menschen, zum Maß der Fülle Christi", Epheser 4,12-13.

Eins aber sei euch nicht verborgen, ihr Lieben, dass ein Tag vor dem Herrn wie tausend Jahre ist und tausend Jahre wie ein Tag. Der Herr verzögert nicht die Verheißung, wie es einige für eine Verzögerung halten; sondern er hat Geduld mit euch und will nicht, dass jemand verloren werde, sondern dass jedermann zur Buße finde. Es wird aber des Herrn Tag kommen wie ein Dieb; dann werden die Himmel zergehen mit großem Krachen; die Elemente aber werden vor Hitze schmelzen und die Erde und die Werke, die darauf sind, werden nicht mehr zu finden sein. Wenn nun das alles so zergehen wird, wie müsst ihr dann dastehen in heiligem Wandel und frommem Wesen, die ihr das Kommen des Tages Gottes erwartet und ihm entgegeneilt, wenn die Himmel vom Feuer zergehen und die Elemente vor Hitze zerschmelzen. Wir warten aber auf einen neuen Himmel und eine neue Erde nach seiner Verheißung, in denen Gerechtigkeit wohnt. 2.Petrus 3,8-13.

Der Petrusbrief muss hier einem Einwand begegnen, der damals wie heute den Christusgläubigen gegenüber erhoben wird:

Die Realität spricht gegen euch, was ihr glaubt ist nicht wirklich und deshalb auch nicht wahr:

„Ihr sollt vor allem wissen, dass in den letzten Tagen Spötter kommen werden, die ihren Spott treiben, ihren eigenen Begierden nachgehen und sagen: Wo bleibt die Verheißung seines Kommens? Denn nachdem die Väter entschlafen sind, bleibt es alles, wie es von Anfang der Schöpfung gewesen ist", 2. Petrus 3,3-4

Dem begegnet der Petrusbrief mit der Erkenntnis: Es war damals bei der Schöpfung das Wort Gottes, das „wirkte" und die „Wirklichkeit" dieser Welt schuf, und es ist dasselbe Wort Gottes, das auch jetzt das Wiederkommen Christi und das Gericht und die Vernichtung der „Wirklichkeit" dieser Welt „bewirken" wird.

Also: Das Argument, dass sich sichtbar nichts ändert, dass Gott nicht in das Weltgeschehen eingreift, ja, dass es deshalb auch gar keinen Gott gibt, keine höhere, unsichtbare Macht als die Realität dieser Welt wird „entkräftet" durch sichtbare vergangene und gegenwärtige Kraft Gottes in der Schöpfung und in ihrer geduldigen Erhaltung. Die Erhaltung der Welt ist also eben kein Argument gegen Gottes Kraft zu ihrer zukünftigen Vernichtung in seinem Gericht am

Tag seines Kommens, sondern gerade ein Erweis seiner Kraft, die sich jetzt in seiner Geduld äußert, mit der er auf die Umkehr der Menschen wartet, und die sich einmal in seinem Gericht über die Welt zeigen wird.

Denn auch Christus hat einmal für die Sünden gelitten, der Gerechte für die Ungerechten, damit er euch zu Gott führt; er ist getötet nach dem Fleisch, aber lebendig gemacht nach dem Geist. In ihm ist er auch hingegangen und hat gepredigt den Geistern im Gefängnis. 1.Petrus 3,18-19

Denn dazu ist auch den Toten das Evangelium verkündigt, dass sie zwar nach Menschenweise gerichtet werden im Fleisch, aber nach Gottes Weise leben im Geist. 1.Petrus 4,6

In seinem Geist also ist Christus wirksam nicht nur hier auf Erden, sondern auch im Totenreich, dies kann ja auch nicht anders sein, wenn der Satz des Apostolischen Glaubensbekenntnisses gilt: „Hinabgestiegen in das Reich des Todes".

„Ich bin gewiss, dass weder Tod noch Leben, weder Engel noch Mächte noch Gewalten, weder Gegenwärtiges noch Zukünftiges, weder Hohes noch Tiefes noch irgendeine andere Kreatur uns scheiden kann von der Liebe Gottes, die in Christus Jesus ist, unserem Herrn", Römer 8,38-39

Sogar den Toten, die in ihrem irdischen Leben das Evangelium nicht haben hören können, wird im Totenreich, über das Jesus seit seiner Kreuzigung und Auferstehung auch herrscht, das Evangelium verkündigt, sodass auch sie im Glauben an ihn nicht verloren gehen, sondern das ewige Leben haben.

Gerichtet worden sind sie zwar nach Menschenweise, d.h. durch den ersten Tod im „Fleisch", d.h. als Folge ihrer Sünde, aber durch die Annahme der Vergebung im Totenreich erhalten sie nach Gottes Weise, d.h. nach seiner Gnade in Christus Errettung vom zweiten Tod, dem Tod in ewiger Verdammnis.

Diese Unterscheidung zwischen dem ersten und dem zweiten Tod macht die Offenbarung des Johannes in 20,14.

Dass der erste, der leibliche Tod nach Menschenweise eine Folge des Sündenfalls ist, ergibt sich aus 1.Mose 3,22-23a: „Und Gott der Herr sprach: Siehe, der Mensch ist geworden wie unsereiner, und weiß, was gut und böse ist. Nun aber, dass er nur nicht ausstrecke seine Hand und nehme auch von dem Baum des Lebens und esse und lebe ewiglich! Da wies ihn Gott er Herr aus dem Garten Eden".

So gibt es die Möglichkeit der Errettung durch Christus auch noch nach dem Tod, und deshalb auch die Möglichkeit der „Für-bitte" und der „Für-taufe" für einen Menschen, den Gott uns ans Herz gelegt hat:

„Was machen denn die, die sich für die Toten taufen lassen? Wenn die Toten gar nicht auferstehen, was lassen sie sich dann für sie taufen?", fragt Paulus in 1. Kor, 15,29.

Auch den Toten wird das rettende allumfassende Evangelium verkündigt, und die Lebenden können zu seiner Entfaltung im Totenreich beitragen durch ihr Eintreten für die, die ihnen Gott in ihrem irdischen Leben ans Herz gelegt hat, sie können für sie um Erkenntnis, Buße und Vergebung ihrer Sünden und Heiligung beten und Gott will ihre Fürbitte erhören.

Ihr Lieben, lasst euch durch das Feuer nicht befremden, das euch widerfährt zu eurer Versuchung, als widerführe euch etwas Fremdes, sondern freut euch, dass ihr mit Christus leidet, damit ihr auch durch die Offenbarung seiner Herrlichkeit Freude und Wonne haben mögt. Selig seid ihr, wenn ihr geschmäht werdet um des Namens Christi willen, denn der Geist, der ein Geist der Herrlichkeit und Gottes ist, ruht auf euch…. Darum sollen auch die, die nach Gottes Willen leiden, ihm ihre Seelen anbefehlen als dem treuen Schöpfer und Gutes tun. 1. Petrus 4,12-14.19

Der erste Petrusbrief sagt hier im Grunde Dasselbe wie Jesus in Matthäus 5,10-12: Selig sind, die um der Gerechtigkeit willen verfolgt werden; denn ihrer ist das Himmelreich. Selig seid ihr, wenn euch die Menschen um meinetwillen schmähen und verschmähen und verfolgen und dabei lügen. Seid fröhlich und jubelt; es wird euch im Himmel reichlich belohnt werden. Denn ebenso haben sie verfolgt die Propheten, die vor euch gewesen sind.

Leiden sind für Christusgläubige nichts Außergewöhnliches, sondern das Normale ihrer christlichen Existenz, denn wo ihr Herr ist, da werden seine Diener auch sein: Wer sein Leben liebhat, d.h. sein Leben in dieser Welt von der Welt, ihren gottlosen Mächten und Menschen bestimmen lässt, der verliert sein wahres, ewiges Leben aus Gott; und wer sein Leben auf dieser Welt hasst, d.h. wer das Leben aus Gott lieber hat als das Leben in einer gottlosen Welt, der wird sein ewiges Leben aus Gott bewahren. „Wer mir dienen will, der folge mir nach; und wo ich bin, da soll mein Diener auch sein. Und wer mir dienen wird, den wird mein Vater ehren", Johannes 12, 25

Wer am Fleisch gelitten hat, d.h. wer sich nicht der Welt, ihren gottlosen Mächten und Menschen angepasst hat, sondern in der Nachfolge Christi sein Kreuz auf sich genommen hat, wem die Welt und wer der Welt gekreuzigt ist, wie Paulus sagt, der hat Ruhe vor der Sünde:

„Weil nun Christus im Fleisch gelitten hat, so wappnet euch auch mit demselben Sinn; denn wer im Fleisch gelitten hat, der hat Ruhe vor der Sünde, dass er hinfort die noch übrige Zeit im Fleisch nicht den Begierden der Menschen, sondern dem Willen Gottes lebe", 1.Petrus 4,1-2.

Für den Nachfolger Christi ist der Konflikt mit der Welt gleichsam vorprogrammiert durch seine enge Verbindung zu seinem Herrn:

„Ich bin nicht gekommen, Frieden zu bringen, sondern das Schwert", sagt Jesus in Matthäus 10, nämlich dann, wenn eine Ent-Scheidung, eine Scheidung zwischen Gläubigen und Ungläubigen notwendig ist, dann darf dieser Unterschied, diese Ent-Scheidung nicht um des lieben Friedens willen vermieden werden.

Andreas Kleinschmidt

Das Geheimnis Christi

Predigten zu den wichtigsten Texten der Offenbarung des Johannes

Reihe AZNT: Auslegung Zentraler Texte
des Neuen Testamentes – Band 5

Der Sieg Jesu Christi

Und er hatte sieben Sterne in seiner Hand, und aus seinem Mund ging ein scharfes, zweischneidiges Schwert, und sein Angesicht leuchtete, wie die Sonne scheint in ihrer Macht. Und als ich ihn sah, fiel ich zu seinen Füßen wie tot; und er legte seine rechte Hand auf mich und sprach: Fürchte dich nicht! Ich bin der Erste und der Letzte und der Lebendige. Ich war tot, und siehe, ich bin lebendig von Ewigkeit zu Ewigkeit und habe die Schlüssel des Todes und der Hölle. Offb 1,16- 18

Liebe Gemeinde,

Christus hat auch uns, die wir als seine Gemeinde zu den sieben Sternen und sieben Leuchtern in seiner Hand gehören und die wir die Hörer dieses Wortes sind, in seiner Hand.

Denn mit den sieben Sternen sind die Engel der sieben Gemeinden gemeint und mit der Zahl sieben ist die ganze Gemeinde Jesu zu allen Zeiten und an allen Orten gemeint, denn die Zahl sieben ist in der Bibel die Zahl der Vollkommenheit, der Fülle und Ganzheit: die 7 Tage der Schöpfungswoche, der 7. Tag als Sabbath- Tag, das 7 Jahr als Sabbath-jahr.

Und er hat uns dreierlei zu sagen:

1. Ich lege meine rechte Hand auch auf dich
2. Ich übe meine Allmacht aus in Gericht und Gnade über die gesamte Welt
3. Denn ich habe alle Mächte dieser Welt überwunden.

Die Mächte dieser Welt sind zum ersten Satan, der Fürst dieser Welt, dann die Sünde, mit der er sich seine Herrschaft über die Menschen sichert, und zum dritten in deren Folge Zerstörung der guten Schöpfung Gottes durch Leid und Tod.

Überwunden hat Jesus diese Mächte, indem er sich von seinem Vater an sie hingeben ließ, der Satan hat ihn versucht, aber er hat ihm widerstanden, er wurde zur Sünde gemacht und hingerichtet, aber sein Vater hat ihn auferweckt und ihn so gerechtfertigt, er hat für uns gelitten und den Tod auf sich genommen, damit wir ewige Freude und ewiges Leben haben: Er hat jetzt die Schlüsselgewalt seit seinem Sieg auf Golgatha über Hölle und Tod, nicht mehr vermag Satan auch nur einen der Christusgläubigen durch den zweiten Tod, den Tod der Verdammnis, in die Hölle zu bringen, nein, er selbst, Satan, und alle, die sich von ihm durch ihre Sünde haben beherrschen lassen, werden durch diesen zweiten Tod der ewigen Verdammnis in den feurigen Pfuhl geworfen.

Seine Herrschaft übt der Sieger von Golgatha in der Endzeit dieser Welt zunächst durch sein Wort und seinen Geist aus, scheint sein Wort auch äußerlich zunächst schwach und ohnmächtig, so übt es seine Vollmacht doch wie ein scharfes, zweischneidiges Schwert im Herzen und gewissen von Menschen aus und nimmt so auch immer wieder äußerlich Gestalt an, bis in der zweiten, der messianischen Phase des Endzeitreiches Christus in Macht und Herrlichkeit wiederkommt, sodass sich alle Knie vor ihm beugen müssen.

Die rechte Hand Christi ist Symbol für seine Macht über Himmel und Erde, die er sich dadurch erkämpft hat, dass er am Kreuz alle anderen Mächte dieser Welt, Satan, Sünde, Leid und Tod überwunden hat, denen auch wir hilflos ausgesetzt wären, wenn er seine Hand nicht auch auf uns gelegt hätte und sein vollmächtiges: „Fürchte dich nicht" über uns in unserem persönlichen Glauben an ihn, in unserer Ganzhingabe an ihn ausüben würde.

Der Grund, warum Jesus Vollmacht über unser persönliches Schicksal und das der ganzen Welt hat, ist der, dass er sagen kann: Ich war tot und siehe, ich bin lebendig von Ewigkeit zu Ewigkeit. Der Tod Jesu war nicht der irgendeines Menschen, sondern der Tod der Gottverlassenheit des Sohnes Gottes.

Was dieser Tod bedeutet, werden wir in alle Ewigkeit nie ganz ausloten können, was wir aber können ist, für diesen Tod zu danken, weil er für uns im Glauben das Leben, das ewige Leben gibt. Dass Gott seinen Sohn selbst nicht verschonen konnte, wenn er uns das ewige Leben geben wollte, zeigt die Größe der Sünde, die uns von Gott und damit vom Leben trennte und die wir von unserer Seite nicht überwinden konnten

Weil Jesus nicht nur als sündloser Mensch sondern auch als Sohn Gottes für uns Sünder gestorben ist, kann er die Sünde der ganzen Welt tragen, das Gericht der Gottverlassenheit, das er als Sohn Gottes auf sich genommen hat, ist so groß, dass es auch für die große Schuld aller Menschen geschehen ist, jeder, der nun an den Sohn Gottes glaubt und sein Erlösungswerk für sich annimmt, erfährt statt Gottes Gericht seine Gnade und Liebe.

Das Evangelium von Christus ist deshalb in Geist und Wort das scharfe, zweischneidige Schwert, es kann zwei Wirkungen haben, mit ihm wird Christus für jeden Menschen entweder Retter oder Richter.

Wenn er wie die Sonne leuchtet, dann ist er die Lebensquelle, ohne ihn gibt es kein Leben mehr, so hat es der allmächtige, barmherzige Gott bestimmt. Deshalb kann er im Johannesevangelium sagen:

Ich bin der Weg, die Wahrheit und das Leben, niemand kommt zum Vater denn durch mich.

So hat er allein die Schlüssel des Todes und der Hölle, und es liegt an jedem Menschen, ob er sich von Jesus als seinen persönlichen Herrn und Heiland die Tür zum ewigen Leben und zum Himmel aufschließen lässt, oder ob Jesus ihm im Tod der ewigen Verdammnis und der Hölle als Richter die Tür verschließen muss:

Verschlossen bleibt sie für alle, die sich selbst und diese Welt mehr lieben als ihn, Christus, die mit ihm nicht begraben wurden in der Taufe, die sich nicht selbst gestorben sind und sich nicht mit ihm von Gott haben lebendig haben machen lassen zu einer neuen Kreatur, die nicht mit ihm durch den Glauben auferweckt wurden aus der Kraft Gottes, der ihn erweckt hat aus den Toten, wie der Apostel Paulus im Kolosserbrief schreibt.

Wem sich dieser Christus offenbart, der fällt zuerst auf seine Knie wie tot, so wie hier der Seher Johannes, aber dann erfährt er auch seine vollmächtige Liebe, die ihn zutiefst berührt in seiner Seele und in seinem Leib, ihn aus aller Furcht befreit und ihm seinen Geist schenkt, nicht den Geist der Furcht, sondern der Kraft, der Liebe und der Besonnenheit. Dieser Geist erneuert ihn – zunächst geistlich in dem geistlichen Endzeitreich Christi auf Erden und dann, wenn der erste auch der letzte sein wird, auch in dem ewigen Reich Gottes im Himmel leiblich durch den Auferstehungsleib, dem der Auferstandene ihm gibt.

Die Entmachtung des Verklägers

Und ich hörte eine große Stimme, die sprach im Himmel: nun ist das Heil und die Kraft und das Reich unseres Gottes geworden und die Macht seines Christus; denn der Verkläger unserer Brüder und Schwestern ist gestürzt, der sie verklagte Tag und Nacht vor unserm Gott. Und sie haben ihn überwunden durch des Lammes Blut und durch das Wort ihres Zeugnisses und haben ihr Leben nicht geliebt bis hin zum Tod. Darum freut euch, ihr Himmel und die darin wohnen! Weh aber der Erde und dem Meer! Denn der Teufel kam zu euch hinab und hat einen großen Zorn und weiß, dass er wenig Zeit hat. Und als der Drache sah, dass er auf die Erde geworfen war, verfolgte er die Frau, die den Knaben geboren hatte. Und es wurden der Frau gegeben die zwei Flügel des großen Adlers, dass sie in die Wüste flöge an ihren Ort, wo sie ernährt werden sollte eine Zeit und zwei Zeiten und eine halbe Zeit fern von dem Angesicht der Schlange. Und die Schlange stieß aus ihrem Rachen Wasser aus wie einen Strom hinter der Frau her, damit er sie fortreiße. Aber die Erde half der Frau und tat ihren Mund auf und verschlang den Strom, den der Drache ausstieß aus seinem Rachen. Offenbarung 12, 10-16

Liebe Schwestern und Brüder in Christus,
das also ist unsere Bestimmung in der Endzeit Jesu Christi auf Erden:
Einerseits schon die himmlischen Kräfte zu erfahren, hier anschaulich dargestellt in den zwei Flügeln des großen Adlers, die uns vom Thron Gottes, also aus dem Himmel gegeben sind. Dieser große fliegende Adler ist nach Offb das vierte Wesen am Thron Gottes.
Und andererseits sind wir noch auf dieser Erde, auf die Satan geworfen ist, der ehemalige Engel vor dem Thron Gottes.
Satans Aufgabe vor dem Thron Gottes war die Anklage der Menschen vor Gott wegen ihrer Verfehlungen.
Von diesem Thron und von dieser Machtstellung als Ankläger ist er nun auf die Erde geworfen worden, auf ihr hat er nun einen großen Zorn über seine Niederlage, die Christus ihm durch seinen stellvertretenden Opfertod für uns zugefügt hat, auf Christus und die Seinen.
„Großer Zorn – wenig Zeit", beides werden Christusgläubige in der Endzeit des Satans immer wieder erleben, denn in dieser Spannung, in dieser Gedulds- und Bewährungsprobe bereitet sie Gott in der Endzeit dieser Welt auf den Himmel vor:
In verschiedenartigste Verfolgungen durch Satan, erfahren sie dessen groß Macht und viel List, wie Luther dichtete, dann aber auch immer wieder,

dass ihn ein „Wörtlein", nämlich „Christus", wenn er in geistlicher Vollmacht und im Glauben angerufen wird, fällen kann: Der Glaube ist der Sieg, der die Welt überwunden hat.

Mit diesem Wort ihres vollmächtigen Zeugnisses von Christus können sie ihn überwinden, denn es ist das Wort vom Kreuz, von seinem Blut, das für uns Sünder geflossen ist, auf das sie sich gegen Satan und seine Anklagen nun jederzeit berufen können, Dann erfahren sie immer wieder: Denen, die Gott lieben, müssen alle Digne, auch der große Zorn Satans und seine Anfeindungen durch von ihm besetzte Menschen und Mächte zum Besten dienen, eben, weil sie sich zum besten dienen lassen, weil sie im Glauben an Christus immer wieder auch erleben, dass Satan wenig Zeit und wenig Macht hat in Vergleich zu der Macht des Gekreuzigten und Auferstandenen in ihnen, der sie nach seinem Ratschluss berufen hat.

Er ist größer als alle und alles und niemand kann sie aus seiner Hand reißen.

Das Charagma, das Kennzeichen, den Charakter Satans aber behalten die, die sich selber mehr lieben als Christus, die die Sünde wider den Heiligen Geist begehen, die nicht mehr vergeben werden kann, wenn sie diesen Geist zurückweisen mit dem Wort Christi, das sich ihnen vollmächtig in diesem Geist ihnen naht.

Dagegen stehen die Christusgläubigen, die ihr Leben nicht geliebt haben bis hin zum Tod, die dem Wort Jesu gehorsam waren: Will mir jemand nachfolgen, der verleugne sich selbst und nehme sein Kreuz auf sich und folge mir. Denn wer sein Leben erhalten will, der wird`s verlieren; wer aber sein Leben verliert um meinetwillen, der wird`s finden. Was hülfe es dem Menschen, wenn er die ganze Welt gewönne und nähme Schaden an seiner Seele? Oder was könnte der Mensch geben, womit er seine Seele löse, Matthäus 16.

Ist doch die unsterbliche Seele des Menschen wertvoller als sein Leben in dieser Welt, und ist es doch das alles Entscheidende, dass seine Seele durch Christus im Himmel als durch Satan in die Hölle kommt.

Er kann sich eben nicht selbst aus den Fängen Satans und der Sünde und von den Mächten und Menschen dieser Welt erlösen, lösen, er braucht Christus und seinen Geist dazu, denn wer Christi Geist nicht hat, der ist nicht sein, sagt der Apostel Paulus.

Leben wir in diesem Geist, leben wir fern von dem Angesicht der Schlange, von Satan und seinen Geistesmächten und Menschen, sie haben letztlich keinen Einfluss mehr auf uns, auch wenn wir noch auf Erden eine Zeitlang leben, aber diese Zeit ist mit dem, was sie für uns Christen bedeutet, genau bemessen, und sie ist kurz, d.h. im

Vergleich zur Wirkung des Geistes Christi gering. Dies zeigt sich auch darin, dass sogar die Erde uns helfen muss, bewahrt zu bleiben in den Verfolgungen Satans und der Seinen, wir dürfen immer wieder auf wunderbare Weise erfahren, wie der vernichtende, bedrohliche Strom, den die schlage hinter uns herausstößt, durch die Erde, d.h. durch Gottes Indienstnahme der Mächte und Menschen dieser Welt verschlungen wird.

So wie der Seher Johannes damals seine Gemeinde in ihren Nöten durch seine Visionen trösten wollte, so dürfen auch wir uns in demselben Geist Christi zur Kreuzes-Nachfolge ermutigen lassen, bis er als der Auferstandene in Macht und Herrlichkeit wiederkommt. Amen

Die Siegesfreude der Gemeinde Jesu

Diese 10 Könige sind eines Sinnes und geben ihre Kraft und Macht dem Tier. Die werden gegen das Lamm kämpfen, und das Lamm wird sie überwinden, denn es ist der Herr aller Herren und der König aller Könige, und die mit ihm sind, sind die Berufenen und Auserwählten und Gläubigen. Und er sprach zu mir: Die Wasser, die du gesehen hast, an denen die Hure sitzt, sind Völker und Scharen und Nationcn und Sprachen. Und die zehn Hörner, die du gesehen hast, und das Tier, die werden die Hure hassen und werden sie verwüsten und entblößen und werden ihr Fleisch essen und werden sie mit Feuer verbrennen. Denn Gott hat`s ihnen in ihr Herz gegeben, nach seinem Sinn zu handeln und eines Sinnes zu werden und ihr Reich dem Tier zu geben, bis vollendet werden die Worte Gottes. Und die Frau, die du gesehen hast, ist die große Stadt, die die Herrschaft hat über die Könige auf Erden....

Freue dich über sie, Himmel, und ihr Heiligen und Apostel und Propheten! Denn Gott hat sie gerichtet um euretwillen.

Danach hörte ich etwas wie eine große Stimme einer großen Schar im Himmel, die sprach: Halleluja! Die Rettung und die Herrlichkeit und die Kraft sind unseres Gottes! Denn wahrhaftig und gerecht sind seine Gerichte, dass er die große Hure verurteilt hat, die die Erde mit ihrer Hurerei verdorben hat, und hast das Blut seiner Knechte gerächt, das ihre Hand vergossen hat.

Und ich hörte etwas wie eine Stimme einer großen Schar und wie Stimme großer Wasser und wie eine Stimme starker Donner, die sprachen: Halleluja! Denn der Herr, unser Gott, der Allmächtige, hat seine Herrschaft angetreten! Lasst uns freuen und fröhlich sein und ihm die Ehre geben; denn die Hochzeit des Lammes ist gekommen, und seine Frau hat sich bereitet. Aus Offenbarung 17 und 18

Liebe Brüder und Schwestern in Christus,
wir werden aufgefordert, uns zu freuen, wenn wir
sehen, dass die große Hure, die das Werkzeug
Satans zur Verführung der Menschen zur Sünde
war, verbrannt wird.
Und zwar verbrannt durch die irdischen Mächte,
die Gottes Werkzeug zum Gericht über sie ist:
Die gottlosen Kulturen dieser Welt werden
gerichtet durch die gottlosen Mächte dieser Welt
im Auftrag Gottes.
Wenn die Frau, die Hure, d.h. die gottlose Kultur
der Menschheit Herrschaft hat über die 10 Könige
auf Erden, also über die gottlosen Mächtigen der
Völker, dann können diese nicht mit den 10
Hörnern gemeint sein, die die Hure hassen und
mit Feuer verbrennen. Die 10 Könige kämpfen
gegen das Lamm und geben ihre Macht dem Tier,
den vernichtenden, gottlosen Dämonen Satans auf
Erden, aber sie kämpfen nicht gegen die Hure, sie
verbrennen und vernichten diese nicht. D.h. es
gibt Mächtige auf Erden, die sich der Scheinkultur
der Hure zur Ausübung ihrer gottlosen Herrschaft
bedienen (nach dem Prinzip: mit panem et
circensis lassen sich Völker beherrschen), d.h. sie
üben ihre gottlose Herrschaft nicht offen, sondern
in einem praktischen Atheismus aus.
Und es gibt Mächtige auf Erden, die ohne
Rücksicht auf einen kulturellen Anspruch in
reiner Machtgier und Gewalt, d.h. mit ihren

„Hörnern" (als Bild aus dem Tierreich dient es in der Bibel als Symbol für die Kraft eines Menschen, eines Königs) sich gegen jede Kultur wenden und diese zu verbrennen, d.h. vernichten suchen.

Auch wenn die Hörner", d.h. die auf pure Gewalt setzenden Herrscher in dieser Welt meinen, in ihrer Machtfülle autokratisch zu handeln, erfüllen sie doch in ihrer Zerstörung der Hure, der gottlosen Weltkultur nur den Willen Gottes, er hat es ihnen „ins Herz gegeben, nach seinem Sinn zu handeln … und ihr Reich dem Tier zu geben". Deshalb bestimmt auch allein Gott und sein Wort, wann diese ihre Gewaltherrschaft beendet ist, nämlich dann, wenn siech Gottes Wort und Wille vollendet hat.

Wir, die Gemeinde Jesu, sind aufgefordert, uns über ihre Vernichtung zu freuen," denn Gott hat sie gerichtet um euretwillen". „Denn wahrhaftig und gerecht sind seine Gerichte, dass er die große Hure verurteilt hat, und hat das Blut ihrer Knechte gerächt, das ihre Hand vergossen hat".

Zwar sind wir auserwählt, uns mit Christus durch diese Welt und die Weltmenschen kreuzigen zu lassen, die sich von Gott los gemacht und an die Hure, d.h. an diese gottlose Welt haben binden lassen, und zwar fordert uns Jesus auf, auf diese Weise vollkommen zu werden, wie sein Vater, indem wir unsere Feinde lieben, denn Gott ist gnädig gegen die Undankbaren und Bösen, Lukas 6,35.

Aber wenn sich diese durch Gottes Güte nicht zur Umkehr leiten lassen, wird sie einmal auch der Zorn des Lammes treffen, denn Gott als der Heilige kann zwar uns zwar dadurch vergeben, dass wir sein Gericht in Christus als unser Gericht und seine Gnade annehmen, weisen wir sein Evangelium und seine Gnade aber zurück, bleibt uns nur sein Gericht und seine ewige Verdammnis.

Liebe Schwestern und Brüder, die Symbolzahl der 10 Hörner und 10 Könige weist uns auf die große Macht hin, die die gottlosen Mächte und Menschen dieser Welt noch haben, aber dieser großen Macht, die sich im Leben der Völker wie in unserem persönlichen Leben immer wieder zeigt, und die uns immer wieder in Furcht und Schrecken versetzen will, hat der größere Gott doch Grenzen gesetzt, so wie er die 10 Plagen über Ägypten kommen lässt, um an der großen Verstockung des Pharao doch letztendlich seine größere Macht zu erweisen: Lass mein Volk ziehen, diesem Willen Gottes müssen die Plagen dienen, muss der Pharao dienen.

So dürfen auch wir es in der Endzeit Jesus Christi auf Erden auch immer wieder erfahren: Mir ist gegeben alle Gewalt im Himmel und auf Erden, sagt der auferstandene Christus. Und wir als seine

Erwählten dürfen diesen seinen Sieg auf Golgatha über alle gottfeindlichen Mächte bezeugen und erfahren – sowohl im Weltgeschehen wie in unserem persönlichen Leben wird sich immer wieder der Auferstandene mit seinem geistliche, tausendjährigen, d.h. vollkommenen Endzeitreich auf wunderbare Weise durchsetzen. „Lasst uns der Welt antworten, wenn sie uns furchtsam machen will: Eure Herren gehen – unser Herr kommt". Das war die Parole des Bundespräsidenten Gustav Heinemann nach dem 2. Weltkrieg. Die Amtszeit und Macht weltlicher Herren ist endlich, die Hoffnung, die Gustav Heinemann in der Zeit des Nationalsozialismus hatte, war die auf die Kraft Gottes, die bereits im Verborgenen wirkt, dass sie stärker ist als die Kraft der gottlosen Mächte und Mächtigen dieser Welt. Nehmen wir Gottes Gnade in Christus an, glauben wir an ihn und bleiben wir seine treuen Zeugen, wartet auf uns die Hochzeit, d.h. die ewige Vereinigung mit Christus in ewiger Freude und Seligkeit.

Lieber Brüder und Schwestern in Christus, lasst uns diese Gnaden- und Gerichtsbotschaft mit ganzem Ernst und ganzer Hingabe an alle Menschen ausrichten, solange Gott noch Zeit zur Umkehr gibt.

Durch Leiden zum Regieren und Richten

Und ich sah Throne und sie setzten sich darauf, und ihnen wurde das Gericht übergeben. Und ich sah die Seelen derer, die enthauptet waren um des Zeugnisses für Jesus und um des Wortes Gottes willen und die nicht angebetet hatten das Tier und sein Bild und die sein Zeichen nicht angenommen hatten an ihre Stirn und auf ihre Hand; diese wurden lebendig und regierten mit Christus tausend Jahre. Und ich sah einen großen, weißen Thron und den, der darauf saß; vor seinem Angesicht flohen die Erde und der Himmel, und es wurde keine Stätte für sie gefunden. Und ich sah die Toten, Groß und Klein, stehen vor dem Thron, und Bücher wurden aufgetan. Und ein anderes Buch wurde aufgetan, welches ist das Buch des Lebens. Und die Toten wurden gerichtet nach dem, was in den Büchern geschrieben steht, nach ihren Werken. Und das Meer gab die Toten heraus, die darin waren, und der Tod und die Hölle gaben die Toten heraus, die darin waren; und sie wurden gerichtet, ein jeder nach seinen Werken.

Und der Tod und die Hölle wurden geworfen in den feurigen Pfuhl. Das ist der zweite Tod: der feurige Pfuhl. Und wenn jemand nicht gefunden wurde geschrieben in dem Buch des Lebens, der wurde geworfen in den feurigen Pfuhl. Aus Offenbarung 20

Liebe Gemeinde,

schon im Alten Testament gibt es Worte wie die aus dem Psalm 91, die von der Beteiligung der Gläubigen an dem Gericht Gottes über die Ungläubigen sprechen: Ja, du wirst es mit eigenen Augen sehen und schauen, wie den Frevlern vergolten wird, Psalm 91,8.

Und der Apostel Paulus schreibt den Korinthern: Wisst ihr nicht, dass die Heiligen die Welt richten werden…, dass wir über Engel richten werden?

Wir müssen alle offenbar werden vor dem Richterstuhl Christi, auf dass ein jeder empfange nach dem, was er getan hat im Leib, es sei gut oder böse. Und ohne Zweifel sind wir als die Heiligen, die mit dem Geist Gottes Versiegelten, wie es der Seher ausdrückt, als mit Christus vereinigte Gemeinde berufen, uns mit ihm auf den Thron zu setzen und mit ihm zu richten, jetzt, in dieser geistlichen Endzeit in einem geistlichen Gericht, dann im letzten Weltgericht vor dem großen, weißen Thron mit ihm in Macht und Endgültigkeit.

Paulus spricht im ersten Korintherbrief davon, dass wir Christen nicht den Geist der Welt empfangen haben, sondern den Geist aus Gott, damit wir wissen, was uns von Gott in Christus geschenkt ist. Nicht nur im Geist sondern auch in den Worten unterscheiden wir uns deshalb von den Weltmenschen, denn wir reden von Christus nicht mit Worten, die menschliche, irdische Weisheit lehren kann, sondern mit Worten, die der Geist Gottes uns lehrt. So erklären wir Christen geistliche Dinge für geistliche Menschen und nur diese können sie verstehen.

Das geistliche Gericht in dieser Weltzeit vollzieht sich nun darin, dass der natürliche Mensch das aber nicht annimmt, was vom Geist Gottes ist, im Gegenteil, es ist ihm eine Torheit und er kann es gar nicht erkennen, denn es muss geistlich beurteilt werden.

Wir Christusgläubigen als geistliche Menschen beurteilen alles, aber werden selber von niemandem beurteilt, denn wir haben Christi Geist.

So werden wir Christen immer wieder, auch oft schmerzlich erfahren, dass wir auf dieser Erde Fremde sind und keine Heimat, keine Freunde haben, so wie das Volk Israel auf seinem Weg ins gelobte Land durch die Wüste gehen musste, so müssen auch wir in Geduld manche Durststrecken ertragen, Anfeindungen und Verfolgungen – aber wie Israel damals dürfen wir immer auch Gottes Durchhilfe erfahren. Sterben wir hier mit Christus, sind wir der Welt und ist sie uns gekreuzigt, so bleiben wir doch vor dem zweiten Tod, dem feurigen Pfuhl bewahrt, in den durch das Endgericht die geworfen werden, die sich nicht durch Christus vor dem Gericht Gottes haben erretten lassen. Wir sind durch Christus in das Buch des Lebens eingetragen, in der jetzigen Wüstenzeit und auf unserer Wanderung in die himmlische Heimat durch Gottes Geist in uns, einmal, bei Jesus Wiederkommen in Herrlichkeit, auch als mit Christus auferstandene in unserem himmlischen Leib im ewigen Reich Gottes, unseres himmlischen Vaters. Beides aber ist auf seine Weise schon vollkommen, sowohl das geistliche Endzeitreich Christi auf Erden wie das Reich Gottes im Himmel – hier durch den Seher ausgedrückt durch die Zahl der Vollkommenheit: Tausend.

Das Tier, die gottlose Welt mit ihren Mächten und Menschen nicht angebetet zu haben, seine sündige Art, sein Charagma, sein Zeichen in Gesinnung und Handeln nicht angenommen zu haben, sondern im guten Kampf des Glaubens überwunden zu haben – dies ist der besondere Reichtum der geistlichen Endzeit, in der wir stehen, in der wir nicht den Geist der Frucht, sondern der Kraft, der Liebe und der Selbstbeherrschung empfangen haben.

Diese Überwindung bringt uns in das ewige Reich Gottes, durch sie regieren und richten wir mit Christus die Welt. Wer überwindet, der wird dies alles ererben, und ich werde sein Gott sein und er wird mein Sohn sein, Offb. 21,7.

Unmittelbare Nähe zu Gott

Und ich sah einen neuen Himmel und eine neue Erde; denn der erste Himmel und die erste Erde sind vergangen, und das Meer ist nicht mehr. Und ich sah die Heilige Stadt, das neue Jerusalem, von Gott aus dem Himmel herabkommen, bereitet wie eine geschmückte Braut für ihren Mann. Und ich hörte eine große Stimme von dem Thron her, die sprach: Siehe da, die Hütte Gottes bei den Menschen! Und er wird bei ihnen wohnen, und sie werden seine Völker sein, und er selbst, Gott mit ihnen, wird ihr Gott sein; und Gott wird abwischen alle Tränen von ihren Augen, und der Tod wird nicht mehr sein, noch Leid noch Geschrei noch Schmerz wird mehr sein; denn das erste ist vergangen....
Und ich sah keinen Tempel in der Stadt; denn der Herr, der allmächtige Gott, ist ihr Tempel, er und das Lamm. Und die Stadt bedarf keiner Sonne noch des Mondes, dass sie ihr scheinen; denn die Herrlichkeit Gottes erleuchtet sie, und ihre Leuchte ist das Lamm. Aus Offenbarung 21

Lieber Brüder und Schwestern in Christus,
wie herrlich wird das sein, in unmittelbarer Nähe zu Gott, zum Licht leben zu dürfen und zu können, ohne zu vergehen, weil wir selbst nicht mehr nur geistlich, sondern auch leiblich gottgleich geworden sind:

Das, wozu Satan, die Schlange Adam und Eva im Paradies durch ihren ungehorsam gegen Gott verführen wollte, nämlich, Gott gleich zu sein, das bekommen wird durch den Gehorsam des Sohnes Gottes geschenkt. Weil er sich selbst erniedrigte bis hin zum Tod am Kreuz, weil er sein Gottgleich-sein freiwillig aufgab, um Gottes Auftrag zur Rettung der Verlorenen zu erfüllen, das wird uns nun durch Christus geschenkt: Wir bedürfen in der Stadt Gottes nicht mehr der Sonne, sondern die Herrlichkeit Gottes selbst erleuchtet sie, das Lamm, das sich für uns opfern ließ, leuchtet uns.

Im 1. Johannesbrief Kapitel 3 heißt es: Sehr, welch eine Liebe hat uns der Vater erwiesen, dass wir Gottes Kinder heißen sollen – und wir sind es auch. Darum erkennt uns die Welt nicht; denn sie hat ihn nicht erkannt. Meine Lieben, wir sind schon Gottes Kinder; es ist aber noch nicht offenbar geworden, was wir sein werden. Wir wissen: Wenn es offenbar wird, werden wir ihm gleich sein; denn wir werden ihn sehen, wie er ist.

Unmittelbare Nähe zu Gott und seinem Sohn – das ist unsere Seligkeit im Himmel für immer, keine Sünde, keine Entfremdung mehr, kein Wechsel zwischen Freude und Leid, Licht und Dunkelheit, nein, ewiger Freude wird über unseren Häuptern sein. Das könnten wir mit unserem irdischen Leib nicht aushalten, dazu brauchen wir den himmlischen Leib, der uns verheißen ist, weil wir den himmlischen Geist schon als Angeld, als festes Versprechen auf unser ganzes Heil in Christus bekommen haben. Schmerz und Leid und Tod, Geschrei, Not und Krieg waren nicht die eigentlichen Absichten Gottes mit uns Meschen, nein, all dies ist erst als Folge der Sünde des Menschen in die sehr gute und heile Schöpfung Gottes eingedrungen. Und wenn dieses Unheil durch Gottes Heil in Christus von ihm selbst überwunden ist, dann wird die neue Schöpfung Gottes, der Himmel, die himmlische Stadt – all dies können ja nur unzureichende Bilder für das ewige Reich Gottes sein – wie es dem Wesen Gottes, seiner vollkommenen Liebe, entspricht. Wenn der Seher schreibt, dass die Völker ihre Reichtümer einbringen und dass die Menschen sich unter-scheiden in die, deren Namen vom Anfang der Welt an geschrieben stehen in dem Lebensbuch des Lammes, das geschlachtet ist, und die, die das Zeichen des Tieres angenommen haben, so heißt dies: Alle Menschen aus allen

Völkern, die in Christus gelebt und gewirkt haben, die auch nach ihren Werken gerichtet werden, werden Himmelsbürger in der Heiligen Stadt sein und ihre Werke in Christus dort mit einbringen, die also im Geist getan worden sind, in Liebe, Freude, Friede, Geduld, Freundlichkeit, Güte, Treue, Sanftmut. „Nun erfahre ich in Wahrheit, dass Gott die Person nicht ansieht; sondern in jedem Volk, wer ihn fürchtet und Recht tut, der ist ihm angenehm", sagt Petrus in Apostelgeschichte 10, 34b-35. Was aber nur nach außen hin glänzend und herrlich war, wird verloren sein und man wird es nicht mehr finden, denn es war Teil der Hure Babylon, d.h. der von Gott abgefallenen Welt und Menschheit. Weh, weh, du große Stadt, sagt der Seher über diese gottlose Weltkultur trotz all ihres äußerlichen Reichtums, denn in „einer Stunde" (dies ist keine chronologische , sondern „kairologische" Zeitangabe) ist solcher Reichtum verwüstet. Wir als die Christusgläubigen, sollen uns über ihr Gericht freuen, denn Gott hat sie gerichtet um unseretwillen, die in ihr Verachtung, Verfolgung, Feindschaft erleiden. In der Vorfreude auf das himmlische Jerusalem aber können wir Christen einander bereits jetzt im Auftrag Gottes die Tränen von unseren Augen abwischen: Die Menschen werden seine Völker sein, d.h. über alle Menschen und Völker wird nun allein noch Gott regieren,   auch über die

Menschen und Völker, die jetzt noch in Krieg, Hunger, Unterdrückung, Ungerechtigkeit gefangen sind, aus ihnen wird sich Gott sein Volk erwählen, die, die von Anfang an im Buch des Lebens, im Buch des Lammes geschrieben stehen, die das Zeichen des Tieres, sein sündiges, gottloses „Charagma" nicht angenommen haben, und es wird neben dem Gottes Reich nichts anderes mehr sein.

Philipp Spitta dichtete in diesem Sinn 1843:

„Es kennt der Herr die Seinen und hat sie stets gekannt,
die großen und die Kleinen in jedem Volk und Land,
er lässt sie nicht verderben, er führt sie aus und ein,
im Leben und im Sterben sind sie und bleiben sein.

Er kennet seine Scharen am Glauben, der nicht schaut
und doch dem Unsichtbaren, als säh er ihn, vertraut;
der aus dem Wort gezeuget und durch das Wort sich nährt
Und vor dem Wort sich beuget und mit dem Wort sich wehrt.

Er kennt sie als die Seinen an ihrer Hoffnung Mut,
die fröhlich auf dem einen, dass er der Herr ist, ruht,
in seiner Wahrheit Glanze sich sonnet frei und kühn,
die wunderbare Pflanze, die immerdar ist grün."

Diese Hoffnung allein entspricht der Allmacht und Barmherzigkeit Gottes in seinem Sohn Jesus Christus.

Andreas Kleinschmidt

Das Geheimnis Christi

Predigten zu den wichtigsten Festen des Kirchenjahres

Reihe AZNT - Auslegung Zentraler Neutestamentlicher Texte - Band 6

Begegnungen mit Christus
in seinem Wort,
die in Bewegung setzen:
Den Glauben in Erkenntnis,
die Hoffnung in Vorfreude,
die Liebe ins Tun.

Glaube – Hoffnung – Liebe
Die Reihenfolge zu beachten ist hier wichtig:
Aus dem Glauben erwächst die Hoffnung, aus Glauben und Hoffnung erwachsen die Taten des Christen „organisch" als Früchte, nur so sind es Taten der Liebe, nur so ergibt sich für das Leben als Christen der rechte Maßstab.

Nach diesem werden die vor der Welt scheinbar große Taten – so weise, klug, moralisch, religiös und fromm sie auch scheinen mögen – ganz unbedeutend, weil sie keine Früchte des Geistes Gottes sind, weil sie nicht aus dem Glauben an Christus und der Hoffnung auf sein Wiederkommen erwachsen sind; und scheinbar unbedeutende Taten werden zu groß-„artigen" Früchten, weil sie andersartig, neuartig – nämlich im Geist Christi – geschehen sind und deshalb zwar nicht weltbewegend, äußerlich wenig imposant, ja unscheinbar und gering erscheinen können. Dafür aber sind sie von ewiger, himmlischer Qualität, sie haben ewige Wirksamkeit, ewigen Wert und ewigen Bestand.

„An ihren Früchten sollt ihr sie erkennen", sagt Jesus in Matth. 7,16. Gute Früchte wachsen nur an einem guten Baum, der ganz und gar von innen heraus heil ist, d.h. Gutes im geistlichen Sinn kann nur der tun, der „in Christus" und damit im

Himmelreich ist, der von ihm das neue, ewige Leben hat:

„Wahrlich, ich sage euch: Unter allen, die von einer Frau geboren sind, ist keiner aufgetreten, der größer ist als Johannes der Täufer; der aber der Kleinste ist im Himmelreich, ist größer als er", Mt. 11, 11.

Um sie wichtiger ist es für den Christen, täglich im „Himmelreich", d.h. im Geist und im Wort Gottes zu leben, damit sein Denken, Fühlen und Handeln schon hier in dieser vergehenden Welt grundlegend verwandelt wird und Ewigkeitsqualität annimmt:

„Aber was mir Gewinn war, das habe ich um Christi willen für Schaden erachtet. Ja, ich erachte es noch alles für Schaden gegenüber der überschwänglichen Erkenntnis Christi Jesu, meines Herrn. Um seinetwillen ist mir das alles ein Schaden geworden, und ich erachte es für Dreck, damit ich Christus gewinne und in ihm erfunden werde, dass ich nicht habe meine Gerechtigkeit, die aus dem Gesetz kommt, sondern die durch den Glauben an Christus kommt, nämlich die Gerechtigkeit, die von Gott dem Glauben zugerechnet wird. Ihn möchte ich erkennen und die Kraft seiner Auferstehung und die Gemeinschaft seiner Leiden und so seinem Tode gleichgestaltet werden, damit ich gelange zur Auferstehung von den Toten", Phil. 3,7-11.

Osterpredigt

Der Apostel Paulus schreibt in 2. Kor. 5, 17:

„Darum: ist jemand in Christus, so ist er eine neue Kreatur; das Alte ist vergangen, siehe, Neues ist geworden."

Liebe neugeborene, österliche Menschen,

hier ist von neuen Kreaturen, neuen Menschen die Rede.
Warum sollen wir neue Menschen werden,
und wie geschieht das?
Wie? Darauf bekommen wir einige Verse vorher zur Antwort:
Wenn einer für alle gestorben ist, nämlich Jesus Christus, der Sohn Gottes, so sind alle gestorben.
Und Jesus Christus ist darum für alle gestorben, damit wir Menschen hinfort nicht uns selbst leben, sondern dem, der für sie gestorben und auferstanden ist.
Wie also werden wir zu neuen Menschen?
Dadurch, dass Jesus für uns gestorben ist.
Und **warum** sollen wir zu neuen Menschen werden?

Weil wir nicht mehr uns selbst leben sollen sondern Christus.

Ichsüchtiges Leben war unser altes Leben.

Alt war: Wir leben uns selbst.

Man kann auch sagen:

Früher waren wir Egoisten,

jetzt sind wir Christen.

Als ichsüchtige Menschen waren wir an uns selbst gebunden, unfrei,

wir waren der Sünde und dem Tod verfallen.

Wir hatten keine Zukunft.

Als neue Menschen gilt:

Wir haben jetzt eine **neue Lebensquelle**, aus der uns wahres, ewiges, unvergängliches Leben geschenkt wird.

Die Quelle ist nicht mehr unsere alte Natur, aus der eben kein Leben mehr quillt, weil sie durch die Sünde vergiftet ist,

sondern Jesus Christus, der von sich sagt, dass er das Leben ist, und dass wir nur durch ihn zum Schöpfer allen Lebens, zu Gott zurückkommen.

Das neue Leben nennt Paulus hier das Leben „in Christus".

Der neue Mensch lebt in Christus.

Taufe heißt:

Wir kommen in die neue Welt Christi.

Wir atmen jetzt eine andere Luft: Die Luft der Gnade.

Das ist Ewigkeitsluft, deshalb hört unser Leben mit dem Sterben nicht auf,

sondern wir haben ewiges Leben: Unser Sterben ist nur Durchgang zu Gottes neuer Welt, in der es Satan, Sünde, Leid und Tod nicht mehr gibt.

Dieses ewige Leben verdanken wir Jesus.

Weil er uns so liebhatte,

hat er unser aller Sünde am Kreuz auf sich genommen,

hat das Gericht Gottes über die Sünde, die Gottverlassenheit, auf sich genommen

ist für uns von Gott verlassen worden, in die Gottverlassenheit gegangen,

damit wir nie mehr von Gott verlassen sind.

So schafft Jesus eine neue Welt,

und wir dürfen neue Menschen in dieser neuen Welt werden.

Mit Christus hat diese neue Weltzeit begonnen.

Die alte Weltzeit hatte den alten Menschen, Adam gebracht.

Die neue Weltzeit bringt einen neuen Menschen mit sich:

Christus, und alle, die in ihm sind,

die an Jesus Christus glauben.

Es geht um unsere Christusgemeinschaft.

Sind wir Christus-Menschen?

Das ist eine Entscheidung, die wir zu treffen haben:

Wollen wir neue Menschen in der neuen Welt Gottes werden,

oder alte Menschen in einer alten, vergehenden Welt bleiben.

Mit dem Tod und der Auferstehung Jesus, mit Karfreitag und Ostern, ist grundsätzlich das Schicksal dieser alten Welt besiegelt:

Sie geht zu Ende, sie herrscht nicht für immer, Satan, Sünde, Leid und Tod sind überwunden durch Jesus am Kreuz.

Was kennzeichnet die neuen, die österlichen Menschen?

In ihnen wirkt der Geist des Auferstandenen schon jetzt die Früchte, die Werke des himmlischen, göttlichen Geistes:

Liebe, Freude, Friede, Geduld, Freundlichkeit, Güte, Treue.

Aber noch besteht die alte Welt, noch will das Böse und der Böse in uns auch immer wieder Macht gewinnen in den Werken des Fleisches, in bösen, ichsüchtigen Leidenschaften und Begierden, in der Vergeltungssucht, in Feindschaft, Hader, Eifersucht, Zorn, Zank, Zwietracht, Neid.

Wie überwinden wir den Bösen und das Böse?

Im Glauben an Jesus Christus, den Überwinder dieser Welt, den Sieger über Satan, Sünde, Leid, Tod und Gericht.

In der Verbindung mit ihm.

Noch gibt es die alte sündige Wirklichkeit des alten Menschen und die Mächte dieser alten Weltzeit.

Aber in dieser alten Welt, im Kampf des Geistes gegen das Fleisch,

im Kampf des neuen Menschen gegen den alten, natürlichen Menschen haben wir die Gewissheit:

Christus ist Sieger.

Das Alte ist vergangen

Weltenwende in Christus -

bedeutet Lebenswende für uns.

Welche Mächte machen uns zu schaffen, Ängste, Sorgen, seelische, körperliche

Nöte?

Auf jeden Fall gilt in jedem einzelnen Fall:

Jesus ist Sieger.

Es gibt immer neue Hoffnung - durch Jesus, aber wirklich und wirkend nur durch ihn, nicht durch uns selbst oder Menschen und Mächte dieser Welt, diese kann er zwar in Dienst nehmen, uns zu helfen, aber es ist immer nur er, dem alle Macht gegeben ist im Himmel und auf Erden

Wenn uns die alten Sorgenmächte, wenn uns die Geistesmächte des Bösen

in Beschlag, in Besitz nehmen wollen:

Der Geist Christi kann jetzt Wohnung in uns nehmen,

er kann die Sorgenmacht und die Macht der Sünde vertreiben.

Es kann etwas neu werden, es braucht nicht immer beim Alten zu bleiben.

Wir müssen nicht mehr sündigen.

Wenn wir verzagt und ungeduldig oder zornig, neidisch zu werden drohen, wenn das Fleisch sich wieder in uns gegen den Geist auflehnen will:

Jesus ist Sieger.

Und haben wir gesündigt, gilt:

Und es gibt immer Vergebung - in Jesus.

Ein Kampf ist entschieden:

Der Satan ist besiegt, der Widersacher Gottes, der Ankläger, der uns bei Gott beschuldigen wollte, ist zum Schweigen gebracht, weil unsere Schuld gesühnt ist.

Wir stehen auf der Seite des Siegers.

Die endgültige Entscheidung über die Mächte dieser Weltzeit, über Satan und

Tod ist in Christus gefallen, ihre endgültige Vernichtung wird beim Vergehen des alten Himmels und der alten Erde und beim Kommen des neuen Himmels und der neuen Erde geschehen.

Wie bekommen wir schon jetzt in dieser alten Welt den Sieg Jesu in unser Leben hinein?

Durch Glauben, Vertrauen, Gehorsam,

durch innere Hinwendung zu ihm im

Gebet.

Das ist jederzeit möglich,
heute hier und jetzt: Herr Jesus Christus, sei du der
Herr meines Lebens.
Dann beginnt jetzt mein Leben heil und neu zu
werden.
Jetzt, da ihr Gottes Stimme hört,
verstockt eure Herzen nicht.
Wie hören wir die Stimme Gottes?
Durch das Wort.
Wenn ihr an mir und meinem Worte bleiben
werdet, werde ich zu euch kommen und bei euch
Wohnung nehmen, sagt Jesus im
Johannesevangelium.
Wenn ich Jesus bei mir weiß, dem alle Gewalt im
Himmel und auf Erden gegeben ist, weiß ich, wie
immer meiner Lage auch sei,
es muss so mit mir nicht bleiben,
es kann neu werden,
neue Hoffnung, neue Lebensmöglichkeiten:
Im Vertrauen auf Christus
und sein Heilswerk am Kreuz.
Der erste Johannesbrief stellt dazu die
entscheidende Frage und beantwortet sie
gleichzeitig auch:
Wer sonst besiegt die Welt, außer dem, der glaubt,
dass Jesus der ihn Gottes ist?

Auch wir können uns in der Überwinder- Kraft
dieses Glaubens aus Mutlosigkeit und

Niedergeschlagenheit, aus eigenem Versagen, aus der Macht der Sünde und des Bösen erheben zu Christus und dieselbe Oster-Erfahrung machen wie Paulus:

Ist jemand in Christus, so ist er eine neue Kreatur; das alte ist vergangen, Neues ist geworden.

Rogate

Fünfter Sonntag nach Ostern

Text: Epheser 6, 18:

**Betet allezeit mit Bitten und Flehen im Geist und wacht dazu mit aller
Beharrlichkeit im Gebet für alle Heiligen.**

Liebe Schwestern und Brüder in Christus,

obwohl wir als Christen auf die Seite Gottes gestellt sind, haben wir doch noch den Kampf mit dem Teufel zu bestehen.
Wir sind schon Bürger der neuen himmlischen Welt Gottes,
leben aber noch in dieser alten Welt,
in der es die Mächte des Bösen gibt.
Deshalb brauchen wir die Verbindung zu dieser neuen Welt Gottes, um mit deren Macht die Mächte dieser alten Welt zu überwinden.
Und Gott hat uns diese Verbindung geschenkt:
Das Gebet.
Im Gebet will Gott in uns und durch uns Einfluss nehmen,

er will uns den Sieg schenken in dem Kampf mit dem Widersacher Gottes,
dem Teufel und seinen Mächten des Bösen.
Im Gebet holen wir den Sieg Gottes über diese Mächte konkret und erfahrbar in unser Leben hinein.
Im Gebet nimmt Gott Wohnung in unseren Gedanken, leitet er uns in unseren Gefühlen, in unseren Worten und Taten:
Wer betet, der sieht Menschen, und Situationen mit Gottes Augen.
Er ist sorgfältiger und in der Beurteilung seiner Umwelt und seiner Mitmenschen, er hört leichter auf zu resignieren, aufzugeben, gleichgültig zu werden oder zu hassen, weil Gott ja in ihm wohnt, und weil bei Gott ja alles möglich ist und weil er die Liebe ist -
wie kann er da nur auf seiner Kraftlosigkeit, auf die Hoffnungslosigkeit der Situation und das Böse in den Menschen sehen und sich davon fixieren lassen?
Wer anfängt, zu beten, der bleibt offen für Gottes Möglichkeiten.
Er bekennt mit dem Beten seine eigene Ohnmacht, aber er bekennt sich mit ihm auch zu seinem Glauben an Gottes Macht, deshalb ist er immer voller Hoffnung und offen, hör- und tatbereit für die Wegweisung durch den Geist Gottes.

Liebe Brüder und Schwestern in Christus, seid
stark in dem Herrn, in der Macht seiner Stärke,
so werden wir aufgefordert.
Diese Stärke Gottes brauchen wir in dem Kampf,
der uns auferlegt ist.
Denn unsere eigene Stärke reicht nicht aus in
diesem Kampf,
wir müssen die Waffenrüstung Gottes anlegen,
nur so können wir gewinnen.
Einen Kampf gilt es für uns Christen hier in dieser
Welt zu Kämpfen:
Mit dem Schwert des Geistes Gottes.
Wir brauchen diese besondere Waffe, weil wir
besondere Gegner haben:
Wir kämpfen nicht gegen Fleisch und Blut, gegen
menschliche Kräfte, sondern gegen die
Weltherrscher der Finsternis, gegen die
Geisteswesen der Bosheit.
Darum brauchen wir besondere, angemessene
Waffen:
Die Geistesmächte des Bösen sind nur mit der
Geistesmacht Gottes zu besiegen.
Nur mit dem Wort Gottes, verbunden mit dem
Geist Gottes,
vermögen wir diesen Kampf zu gewinnen.
Wie kommt dieses Wort Gottes mit Gottes
Geisteskraft zu uns Menschen?
Im Gebet.

Denken wir an manche Menschen, die uns Not machen, um die wir uns sorgen,
die Wege gehen, die nicht gut sind, die von Geistesmächten regiert werden,
von denen sie besessen sind, Geistesmächte des Bösen:
Wir können noch so viel reden -
wenn sie nicht das Wort Gottes mit der Vollmacht des Geistes ins Herz trifft
geschieht nichts.
Deshalb ist unser Gebet so wichtig für unsere Mitmenschen.
Vielleicht denken wir:
Was soll denn unser Gebet überhaupt nützen, Gott kann doch auch ohne uns handeln,
er ist doch auf mein Gebet nicht angewiesen.
Das ist wahr, das könnte Gott alles auch ohne uns und unser Gebet tun.
Aber er will es so:
Er will uns an seinem Denken, Fühlen und Handeln beteiligen, er will unserem Denken, Fühlen, Reden und Tun seine Vollmacht geben - durch das Gebet.
Und wenn wir sagen:
Aber ich will nicht so viel beten, mit Gott reden, ich will mich lieber um diese Welt kümmern.
Dann sagt Gott:
Bevor du dich richtig um diese Welt kümmern kannst, um deinen Ehepartner, deine Kinder,

deine Mitmenschen - musst du dir von mir sagen lassen, wie das recht geschehen kann.

Luther: Wenn du wenig zu tun hast, dann bete eine Stunde.

Wenn du viel zu tun hast, zwei Stunden.

Dabei geht es weniger um die Quantität, um das Äußere.

Es kommt dabei nicht darauf an, wie wir äußerlich beten,

wichtig ist die innere Bezogenheit auf Gott.

Diese innere Nähe, dieser Kontakt zu Gott kann uns immer begleiten, in jedem Augenblick, ohne dass wir dadurch weltfremd würden.

Betet allezeit heißt, es gibt keine besonders heiligen und keine besonders profanen Augenblicke und Tätigkeiten in eurem Leben:

Ihr seid Gott allezeit unmittelbar nahe.

Das heißt dann auch: Als Christen, als Fromme, bleibt ganz natürlich, frömmelt nicht, werdet nicht weltfremd, denn es ist doch die Welt eures Gottes, in der ihr lebt.

Beten ist dann einfach der Blick des Glaubens auf die Wirklichkeit,

Beten schenkt uns Freiheit und Gelassenheit,

weil wir uns gehalten fühlen in jedem Augenblick unseres Lebens von Gott.

Betet allezeit, heißt es hier.

Der Teufel legt es in dem Kampf mit uns darauf an, zwischen uns und Gott einen Abstand zu schaffen, Misstrauen zu säen, Gleichgültigkeit, ja Ungehorsam. Wie?

Die Schlange, ein Bild des Teufels stellt Gott und sein Reden und Tun in Frage: Sollte Gott gesagt haben?

Wenn wir so weit sind, dass wir die Nähe Gottes in unsere Lebenssituation nicht mehr unmittelbar hinein glauben können, dann hat der Teufel fast gesiegt.

Ich bin zu krank,
ich bin zu beschäftigt,
ich habe zu viel Sorgen,
ich habe zu viel Angst,
ich habe zu viel verkehrt gemacht,
ich habe zu viel Fragen und Zweifel -

Wenn wir so denken,
dann glauben wir nicht mehr daran, dass Gott uns in Jesus unmittelbar nahe sein kann.

Aber um zu Gott zurückzufinden wir müssen nicht erst anders werden, anders fühlen, besseres erleben, besser werden - nein gerade so wie wir sind, sollen wir uns Gott in Jesus nahe wissen und wieder auf sein Wort allein hören und ihm allein glauben und folgen.

Wenn wir mit unserer Not zu Gott kommen wie Jesus und sprechen: Mein Gott, mein Gott, warum hast du mich verlassen und dann sagen:

Vater, in deine Hände befehle ich meinen Geist –
wenn wir an diesen Punkt, an diesen Wendepunkt gekommen sind,
dann hat der Teufel verloren und Gott bei uns gewonnen:
Gott ist nie weiter weg von uns wie das nächste Gebet.
Bitten und Flehen- dazu werden wir eingeladen.
Bitten und flehen - das tut man doch,
wenn man selber nicht mehr weiterweiß, wenn man selber am Ende ist mit seiner Kraft,
dann kann Gott uns unsere leeren Hände füllen.
Nicht unsere Hilflosigkeit, nicht unser Unvermögen, unser Versagen,
unsere Schwachheit ist das Problem für Gott, den Allmächtigen, der uns von seiner unendlichen Kraft, von seiner unendlichen Liebe, von seiner Gnade und Vergebung jederzeit unendlich viel geben kann.
Nein, Gottes Problem ist unser Sich-Entfernen von Gott hin zur Sünde und ihren Begierden, zum Ungehorsam, zur Habsucht und zum Götzendienst, zur Welt und zum Satan, dem Fürsten dieser Welt.
Demütig bleiben vor Gott, im Bitten und Flehen zu ihm beharren - so sind wir vor Gott in der rechten Stellung, und er kann uns auf seinen Segenswegen führen.

Gott will uns durch das Gebet seine ganze Allmacht und Barmherzigkeit schenken - ein wunderbares Geschenk, das er uns da macht.

Nutzen wir es,

dass Gott uns auch wunderbare Gebetserhörungen schenken will, wenn wir ihm im Namen seines Sohnes bitten?

Gott wird auf unsere Gebete antworten – immer, aber immer auch auf seine Weise.

Wenn wir einwenden:

Ja, ich habe auch schon einmal für etwas gebetet, und es ist nicht eingetroffen,

Gott hat mich nicht gehört.

Was sagen wir dann?

Die Antwort:

Gott hat gehört -

aber wie er erhört und wann, das bleibt seine Sache.

Seine Gedanken sind höher als unsere Gedanken.

Er kann auch Nein zu unseren Wünschen und Bitten sagen und auch dies ist dann eine gute Antwort – denn er tut dies dann nur zu unserem Besten und will uns ganz gewiss auch einmal die Augen dafür öffnen, auch wenn wir seine Wege zuerst nicht verstehen, ja wenn sie uns selbst verkehrt zu sein scheinen.

Auf jeden Fall gilt: Wacht im Gebet, passt auf, was der Teufel mit euch macht, das Gebet ist der Prüfstein darauf, wie nah ihr Gott seid.

Es gibt diese Kraft des Teufels, die uns von Gott wegziehen will,

durch Zweifel, durch Betriebsamkeit, Ablenkung, durch Hass und Neid,

alle Dinge dieser Welt kann der Teufel benutzen, um uns von Gott wegzuziehen.

Deshalb sollten wir uns innerlich immer wieder zu Gott kehren,

Jesus hat immer wieder die Stille und das Gebet gesucht, wenn er unter Menschen war.

Durch Leid und Wohlergehen gleichermaßen vermag uns der Teufel

von Gott abzubringen – deshalb:

Wacht mit aller Beharrlichkeit im Gebet für alle Heiligen.

Fürbitte tun für unsere Mitmenschen,

besonders für die,

die Gott dienen wollen,

die auch in diesem Kampf stehen,

die von Teufel versucht werden wie wir.

Gott will die Energie, die er uns gibt, um für andere zu beten, für diese Menschen gebrauchen, um sie zu segnen, d.h. er gibt uns mit dem Gebet eine Macht, eine Kraft, die zwar oft und lange Zeit unsichtbar ist, aber immer wirkungsvoll nach dem

Grundsatz der Erhaltung der geistlichen Energie
in Gottes von seinem Geist erfüllten All.
Wir können immer wieder erleben,
wie der Teufel sich zwar noch einmal aufbäumt,
das Böse unter uns Menschen Raum gewinnen
will, mit seiner negativen, zerstörerischen,
geistlich-dämonischen Energie versucht, der
geistlichen Energie Gottes zu wehren
Menschsein gegeneinander aufbringt,
Zwietracht sät,
aber immer, wenn wir beten und den Herrn
anflehen, bekommen wir Sieg. Weil seine Energie
die Energie Satans am Kreuz ein für alle Mal
überwunden hat.
Und dies zu erleben, wie Gott sich durchsetzt in
dieser Welt gegen alle Gewalt der Bösen -
das ist eine wunderbare Erfahrung,
die Erfahrung der Beter.

Himmelfahrt

Text: Offenbarung 1, 4-6:

Johannes an die sieben Gemeinden in der Provinz Asien: Gnade sei mit euch und Friede von dem, der da ist und der da war und der da kommt, und von den sieben Geistern, die vor seinem Thron sind, und von Jesus Christus, welcher ist der treue Zeuge, der Erstgeborene von den Toten und Herr über die Könige auf Erden! Ihm, der uns liebt und uns erlöst hat von unseren Sünden mit seinem Blut und uns zu Königen und Priestern gemacht hat vor Gott, seinem Vater, ihm sei Ehre und Gewalt von Ewigkeit zu Ewigkeit! Amen."

Liebe Brüder und Schwestern in Christus,

wann haben Sie zuletzt einen persönlichen Brief bekommen – sei es in Papierform per Post oder elektronisch?
Nun, heute jedenfalls ist dies der Fall,
wir bekommen heute einen Brief zu lesen, der von dem Seher Johannes

auch an uns gerichtet ist, denn auch wir gehören zur Gemeinde Jesu Christi.

Denn diese ganze Gemeinde Jesu Christi auf der ganzen Erde zu allen Zeiten ist gemeint,

wenn es hier heißt: Johannes schreibt an die 7 Gemeinden.

Die Zahl 7 bedeutet die heilige Fülle, alle Glieder des Volkes Gottes sind gemeint,

also auch wir Christen hier heute Morgen.

Was wird uns hier geschrieben in diesem Brief?

Es wird uns zunächst Gnade und Friede zugesprochen.

Friede war damals ein so häufiger Wunsch wie wir uns heute etwa einen Guten Tag wünschen.

Aber hier ist dieser Friedenswunsch keine leere allgemeine Floskel.

Dieser Friede ist der Friede,

den wir mit Gott deshalb haben,

weil er uns in Jesus Christus seine Gnade schenkt.

Dieser Friede ist auch nicht nur ein leeres Wort, und diese Gnade ist auch keine billige Gnade.

Dieser Friede ist das Ergebnis eines Kampfes, der Gott das Liebste gekostet hat,

das er hatte, seinen Sohn,

Jesus hat sich in diesem Kampf den bösen Mächten dieser Welt entgegengestellt,

er hat mit ihnen gerungen und hat sie überwunden.

Deshalb ist jetzt Friede,
„gründlicher", ewiger Friede,
hier hat Jesus den „Grund"-Stein für eine neue
Welt gelegt,
für ein Friedensreich, in dem es kein Leid, keine
Tränen mehr gibt,
keinen Schmerz, und auch der Tod nicht mehr
sein wird.
Das heißt Himmelfahrt Jesu:
„Der Himmel steht offen, Herz weißt du warum,
weil Jesus gekämpft und geblutet, darum."
Das alles haben wir der Gnade Gottes zu
verdanken:
Weil er uns seine Gnade schenken wollte, hat er
seinen Sohn unser Gericht auf sich nehmen lassen,
er hat ihn zur Sünde gemacht, ihn hinaus gestoßen
in die Gottverlassenheit,
damit er uns zu sich zurückholen konnte dadurch,
dass wir gerecht würden in ihm.
Weil er uns auch noch als Sünder liebte und nicht
wollte, dass wir verloren gingen, sondern
in Ewigkeit in seiner Nähe zu leben sollten.
Gott, der da ist, der da war - und jetzt könnte man
vermuten:
Der da sein wird.
Aber so heißt es nicht, sondern: Der da kommt.

Der da sein wird: das wäre die Bestimmung eines
toten, gefühllosen Steines.

Gott verharrt nicht in bewegungslosem unberührtem Sein teilnahmslos über der Welt.
Nein, er geht tief hinein in die Welt- und Menschengeschichte.
Er ist in die Menschengeschichte hineingekommen und hat sie in seine Heilsgeschichte verwandelt:
Auch unsere persönliche Lebensgeschichte verwandelt er in seine Heilsgeschichte.
Das wäre die verkehrteste Vorstellung, die wir uns von Gott machen könnten:
Gott schwebt unberührt von allem Irdischen über der Welt.
Nein, im Gegenteil, in jedem Leid leidet Gott mit.
Und im Leiden Jesu Christi am Kreuz hat er selbst die Sünde, das Leiden, den Tod aller Menschen aller Zeiten und aller Orten getragen, indem er alles auf seinen Sohn Jesus Christus gelegt hatte, nur er konnte das, weil er der Sohn Gottes selbst war.
Nur deshalb haben wir jetzt eine Zukunft, so wie ja das ganze Buch der Offenbarung diese unsere Zukunft beschreibt.
Menschen in Bedrängnis, für die die Zukunft dunkel ist, und dazu gehören
wir Verzagten ja auch immer wieder, ihnen wird gesagt:
Ihr habt Hoffnung auf eine herrliche Zukunft durch den Herrn aller Herren, Jesus Christus, dem

Gott durch sein siegreiches Auferstehen alle Gewalt gegeben hat im Himmel und auf Erden.
Nicht, weil wir es aus eigener Kraft schaffen,
nicht einmal, weil unsere Situation einen Hoffnungsschimmer hätte,
nein, darauf sind wir seit Himmelfahrt gar nicht mehr angewiesen.
Sondern einzig und allein, weil Jesus es für uns vollbracht hat, weil er am Kreuz auch schon die Not auf sich genommen hat, unter der wir jetzt leiden – und weil er auch diese Not schon überwunden hat.
Auch wenn er sie uns jetzt noch belässt, dann wandelt er sie aber für uns Segen, lässt sie uns zum Besten dienen, und er hat die Macht, sie uns zu nehmen, wenn er in Herrlichkeit wiederkommen wird, darauf sollen wir hoffen.
7 Geister sind vor dem Thron Gottes,
wieder die Zahl sieben als Zahl der göttlichen Machtfülle, der Vollkommenheit.
Viele Geistesmächte treiben noch ihr Unwesen in dieser Welt,
Feindschaft, Neid, Macht- und Habgier, ein atheistischer Materialismus, der das Sichtbare, das goldene Kalb vergötzt statt nach dem lebendigen, heiligen Gott zu fragen –
aber die Geistesmächte Gottes sind stärker.
Sie sind unendlich groß,

eine Fülle guten Geistes hat Jesus Christus am Kreuz freigesetzt,

diese Geistesmächte sind seitdem in dieser Welt und in unserem Leben wirksam.

Durch diese Geistesmächte sind wir bis heute bewahrt:

Von guten Mächten wunderbar geborgen
erwarten wir getrost, was kommen mag,
Gott ist bei uns am Abend und am Morgen
und ganz gewiss an jedem neuen Tag.

Das dichtete Dietrich Bonhoeffer und erlebte diese Bewahrung im Glauben an Gott auch noch in seiner Hinrichtung.

Wenn wir diesen Geistesmächten in unserem Leben Raum geben,

haben wir jetzt schon den Himmel auf Erden, Freude mitten im Leide.

Beantworten wir doch alles Böse mit diesen guten Mächten,

dann werden die bösen Mächte auf jeden Fall bei uns selbst keinen Raum haben.

Jesus Christus, sein Geist ist Sieger - das bedeutet Himmelfahrt.

Wer zum Himmel fährt, der hat einen neuen, erhöhten Standpunkt gewonnen.

Mit Jesus dürfen wir über den Dingen stehen.

Er ist der Erstgeborene von den Toten.

Er der erste, wir die nachfolgenden.

Mit Jesus stehen wir also sogar über dem Tod.

Gibt uns das nicht eine große Überlegenheit.
Das heißt Himmelfahrt: An der Überlegenheit Jesu Anteil
bekommen.
Er ist auch der Herr über die Könige auf Erden.
Wenn wir einen Herrn haben, der Herr über alle anderen Herren ist –
wird uns da nicht immer wieder alle Angst nehmen?
Wer sollte uns denn da noch schaden,
wenn wir den Allmächtigen selbst auf unserer Seite haben.
Das heißt Himmelfahrt:
Die Angst verlieren an der Seite des Allmächtigen über alle anderen Mächte.
Er liebt uns und hat uns von den Sünden erlöst mit seinem Blut.
Jesu Liebe war kein leeres Wort,
seine Liebe war vollkommene Hingabe,
seine Liebe zeigt sich darin,
dass er die ganze Schwere des Gerichts über unsere Sünden auf sich genommen hat.
Wie schwer dieses Gericht war, werden wir nie ermessen.
Was muss die Last der Sünde für den Heiligen und Gerechten bedeuten,
und er ist für uns „zur Sünde gemacht worden".
Was muss es für ihn bedeuten, von Gott verlassen zu sein,

wo er doch Gott, seinem Vater in ganzem Gehorsam und vollkommener Liebe verbunden war.

In der Offenbarung des Johannes nennt nur Jesus Christus Gott seinen Vater, wir, die Christen nennen ihn so noch nicht.

Damit werden diese besondere, völlige innere Verbundenheit und Nähe zwischen Vater und Sohn ausgedrückt.

Alles haben wir nur noch von diesem einzigartigen Jesus Christus zu erwarten: In Gegenwart und Zukunft.

Das heißt Himmelfahrt Jesu:

Er ist der Einzigartige, er ist der Einzige in völliger Einheit mit Gott,

und weil er der Einzigartige war, nur deshalb haben wir andere Hoffnung.

Unser Heil bei Gott beruht ganz allein auf Jesus Christus allein.

Durch ihn aber bekommen wir jetzt unendlich Großes, Überirdisches, Himmlisches geschenkt:

Wir werden zu Königen und Priestern gemacht.

Könige haben Macht – Gott will uns Macht geben, Einfluss haben wir jetzt bei ihm, dem König aller Könige.

Er hat uns Macht anvertraut, Vollmacht –

nutzen wir sie:

Im Gebet, wir können Gebetserhörungen erleben,

in der Liebe, die nicht nach Gegenliebe fragt,

sondern aus der Fülle der Macht der Liebe Gottes gibt.

Priester sind wir, Reine, Sündlose –

Lassen wir uns nie mehr ein schlechtes Gewissen machen,

der Vorhang zum Allerheiligsten ist seit Golgatha zerrissen,

wir haben zu jederzeit Zugang zum Allerheiligsten,

dem vergebenden Herzen Gottes,

durch unseren Hohenpriester Jesus.

Leben wir königlich und priesterlich,

seien wir so ein Segen für unsere Mitmenschen,

ein Wegweiser zu Gott,

„Amen".

So soll es sein, so bekräftigen wir es alle.

Sagen wir zu der Erlösung durch Jesus unser Ja.

So soll es ein, auch in meinem Leben soll Jesus der Herr sein.

Siehe, er kommt. Es werden ihn alle Augen sehen und alle, die ihn durchbohrt haben.

Wir alle durchbohren Jesus.

Wenn wir Böses mit Bösem vergelten,

wenn wir in unserem Ich gefangen bleiben,

wenn wir uns von unseren Begierden beherrschen lassen, wenn wir der Hoffart des Lebens leben, im Äußerlichen, in Reichtum und Ansehen unser Heil suchen – dann durchbohren wir Jesus.

Er verleugnete sich selbst um der Liebe zu seinem Vater und um unseretwillen, er sprach: Nicht wie ich will, sondern wie du willst – wollen wir uns ihm nicht an die Seite stellen,

statt ihn zu durchbohren mit unserem Ungehorsam.

Wer nicht von seiner verkehrten, sündigen Grundrichtung seines Lebens erlöst wird durch Jesus, der wird in das Gericht kommen, wenn Jesus wiederkommt,

der wird schmerzhaft erkennen:

Ich bin an meinem Heil, an Jesus, vorübergegangen,

ich habe mich nicht selbst verleugnet, bin Jesus nicht nachgefolgt, ich bin nicht den Kreuzesweg mit Jesu gegangen.

Es werden wehklagen alle Geschlechter der Erde. Ja. Amen.

Das wird zweimal bekräftigt:

Wir sollen uns nicht täuschen lassen,

scheinen uns jetzt auch noch die Welt und ihre Mächte des Bösen groß und unbesiegbar

sie sind es doch nicht,

nein, Jesus hat den Sieg errungen,

er hat uns den Weg in den Himmel frei gemacht.

Haben wir Zweifel an Gottes Macht?

Sind wir im Glauben müde geworden, verzagt?

Weil uns manches bedrängt?

Uns wie der bedrängten Gemeinde des Johannes
damals wird ein Brief geschrieben,
der letztlich von Gott selber kommt:
Ich bin das A und O, spricht der Herr, der da ist
und der da war und der da kommt, der
Allmächtige.
Machen wir doch heute wieder im Glauben und
ganzem Vertrauen damit Ernst,
dass wir einen allmächtigen Gott haben.
Und klammern wir all das, was uns hier noch Not
machen will an bösen Mächten, Leid und Not ein
in dieses A und O.
Eingefasst in der Klammer des Allmächtigen
Gottes können uns alle Mächte dieser Welt nichts
anhaben,
wir haben den Herrn Zebaoth, den Herrn der
Heerscharen auf unserer Seite.
Er ist es, der da kommt. Leben wir in der Kraft
dieser Hoffnung: Die Herren dieser Welt gehen.
Unser Herr aber kommt.

Gebet:

Allmächtiger Gott, barmherziger Vater,
wir feiern heute Himmelfahrt,
wir feiern den Herrschaftsantritt deines Sohnes
Jesus Christus.
Wir haben guten Grund zum Feiern,
weil du deinen Sohn Jesus Christus aus dem Tod

und aus der Verlassenheit von dir
befreit hast.
Wir haben guten Grund zum Feiern,
weil du ihn, der sich zutiefst erniedrigt hat,
der für uns zur Sünde wurde,
erhöht hast über alle Mächte dieser Welt.
Wir haben guten Grund zum Feiern,
weil er uns den Himmel,
weil er uns den Zugang zu dir geöffnet hat,
zu deiner Liebe.
Nun sehen wir Jesus Christus nach seinem Sieg
zu deiner Rechten,
er hat jetzt die Macht über alle Mächte und
Mächtigen dieser Erde.
Er hat auch die Macht über unsere Nöte, Ängste
und Sorgen.
Deshalb bringen wir alles, was uns beunruhigt,
zu ihm und bitten:

Nimm uns den Geist der Verzagtheit und
fülle uns mit himmlischer Kraft,
mit dem Geist der Kraft und der Liebe und der
Besonnenheit.
So lass uns jetzt schon Anteil haben an Christi
Himmelfahrt,
an seinem Sieg, schenke uns jetzt schon ein Stück
Himmel auf Erden,
stärke uns durch den Sieg seiner Liebe zu uns
Menschen,

die wir an andere weitergeben dürfen.

Vergib, wo wir Christi Geist keinen Raum gegeben haben,

wo wir ihm zu wenig zugetraut haben,

in Familie, Gemeinde, Beruf,

und mache uns auch durch diesen Gottesdienst neu froh

in der Gewissheit:

Auch wir sind zu der himmlischen Herrlichkeit berufen,

in die uns dein Sohn Jesus Christus vorausgegangen ist. Amen.

Zweiter Sonntag vor Ostern: Misericordias Domini
Die Barmherzigkeit des Herrn

Lukas 1,78-79

Durch die herzliche Barmherzigkeit unseres Gottes wird uns besuchen das aufgehende Licht aus der Höhe, auf dass es erscheine denen, die sitzen in der Finsternis und Schatten des Todes, und es richtet unsere Füße auf den Weg des Friedens.

Jes. 50,4-9

„Gott der Herr hat mir eine Zunge gegeben, wie sie Jünger haben, dass ich wisse, mit den Müden zu rechter Zeit zu reden. Alle Morgen weckt er mir das Ohr, dass ich höre, wie Jünger hören. Gott der Herr hat mir das Ohr geöffnet. Und ich bin nicht ungehorsam und weiche nicht zurück. Ich bot meinen Rücken dar denen, die mich schlugen, und meine Wangen denen, die mich rauften. Mein Angesicht verbarg ich nicht vor Schmach und Speichel. Aber Gott der Herr hilft mir, darum werde ich nicht zuschanden. Darum habe ich mein Angesicht hart gemacht wie einen

Kieselstein; denn ich weiß, dass ich nicht zuschanden werde. Er ist nahe, der mich gerecht spricht; wer will mit mir rechten? Lasst uns zusammen vortreten! Wer will mein Recht anfechten? Der komme her zu mir! Siehe, Gott der Herr hilft mir; wer will mich verdammen? Siehe, sie alle werden wie Kleider zerfallen, die die Motten fressen".

Liebe Schwestern und Brüder in Christus,
hier hören wir ein Klagelied, hier klagt einer sein Leid.
Aber dieses Klagelied ist bei genauerem Hinsehen dann gar kein Klagelied, sondern ein Vertrauenslied, nicht so, dass das Leid einfach ignoriert wird, sondern so, dass durch Vertrauen des Beters in Gott das Leid erträglich und überwindbar wird.
Siehe Gott, der Herr hilft mir, wer will mich verdammen.
Nun, worin besteht zunächst das Leid dieses Klagenden?
Es entsteht bei ihm durch die Erfahrung schwerer Angriffe,
er klagt über seine Feinde:
Ich bot meinen Rücken dar denen, die mich schlugen.

Wodurch kommt es aber zu dieser Anfeindung, die ihn in Leid und Vereinsamung treibt?

Das Leid dieses Klagenden entsteht durch seinen Mittlerdienst,

dass er Mittler ist zwischen Gott und Mensch,

dass er seinen Mitmenschen etwas von Gott zu sagen hat,

dass er zu ihnen im Auftrag Gottes spricht –

diesen Mittlerdienst aber wollen die Feinde nicht annehmen.

Er hat ihnen das Wort Gottes zu sagen, er ist von Gott als vermittelnder Bote zu ihnen gesandt mit Gottes Wort, er soll ihnen die Wahrheit sagen, aber sie lehnen Gott, sie lehnen sein Wort, sie lehnen die Wahrheit ab -

und deshalb auch ihn, den Boten Gottes.

Sie wollen seine Vermittlung nicht, seinen Mitteldienst, gerade dass er anderen helfen, ihnen Gutes tun will, gerade dies führt ihn ins Leid und lässt ihn Böses erfahren.

Aber in seiner Anfechtung, in seiner Ablehnung hält dieser Mittler an seinem Vertrauen zu Gott fest, davon lässt er sich nicht abbringen.

Und so wandelt sich sein Klagelied in ein Vertrauenslied.

Es ist ja ein Gottesknechtslied, das im Neuen Testament auf Jesus bezogen wird, auf seine Passion, sein Kreuz und seine Auferweckung durch Gott, in der er seinen gehorsamen

Leidensweg in dieser Welt, das Erdulden ihrer Ablehnung mit der Aufnahme in den Himmel zu seiner Rechten belohnt.

Ist dies nicht auch ein wenig unsere Situation?

Wer an Gott und an seinem Wort festhält in dieser Welt –

der wird immer auch als Fremdkörper angesehen, der wird auch immer mit Verachtung, Spott und Schmach zu tun haben.

Und ist dies nicht erst recht die Situation unseres Herrn Jesu Christus, dem wir nachfolgen,

er der Mittler, der Versöhner zwischen Gott und uns Menschen, er, der zum leidenden Knecht Gottes geworden ist am Kreuz, er,

der Verachtung und Feindschaft zu erleiden hatte, wie kein anderer,

er, der aber seinem Auftrag treu geblieben ist bis zuletzt,

dessen Vertrauen und Gehorsam belohnt worden ist mit der Auferstehung zum ewigen Leben, an der wir teilhaben

wenn wir an ihn glauben, wenn wir seine Nachfolger werden,

wenn wir bereit sind, auch unser Kreuz, auch unsere Schmach auf uns zu nehmen.

Unser Leben als Jünger leben verstehen heißt dann: Unser Leben ist vom Hören auf Gottes Wort und vom Reden des Wortes Gottes bestimmt.

Alle Morgen weckt er mir das Ohr, dass ich höre, wie ein Jünger hört.

Alle Morgen – das heißt:

Jeden Morgen neu gilt es auf Gott zu hören – und jeden Morgen können wir auch Gottes Stimme hören.

Ist das nicht etwas Wunderbares, Großartiges?

Dass Gott jeden Tag, wie er auch beschaffen sein mag, sich Zeit für uns nimmt, der große allmächtige Gott ist so barmherzig, dass er sich immer und ohne Aufhören zu mir neigt.

Es ist immer ein aktuelles, geistesgegenwärtiges Wort, das wir hören, es passt zu unserer Situation, zu jedem Tag, Gott ist ein lebendiger Gott, der immer das rechte Wort zur rechten Zeit für uns hat.

Immer wieder ist es aber nicht unser eigenes Wort, sondern Gottes Wort, auf das wir angewiesen sind.

Sind wir gute Zuhörer? – wie schwer fällt es uns oft, zuzuhören.

Zur rechten Zeit mit den Müden reden: Es geht um das Treffen in eine bestimmte Situation hinein.

Die Müden, die am Ende sind mit ihrer Kraft, für sie ist dieses Wort dann nicht nur ein leeres Wort, es trägt Kraft in sich, weil es das Wort Gottes ist.

Es hat zur Kraftentfaltung bei uns nur eine Voraussetzung nötig:

Ich bin nicht ungehorsam und weiche nicht zurück.

Jeder kann das Wort Gottes empfangen und verstehen,

wenn er bereit ist, ihm auch in seinem Leben zu folgen.

Hier ist das Hören an das Gehorchen gebunden.

Das Hören und der Gehorsam dem Wort Gottes gegenüber kann uns auch etwas kosten:

Nicht zurückweichen mit diesem Wort Gottes kann auch bedeuten, Prügel einzustecken für dieses Wort:

Ich bot meinen Rücken dar denen, die mich schlugen und meine Wangen denen, die mich rauften. Mein Angesicht verbarg ich nicht vor Schmach und Speichel.

So hat es Jesu getan, man hat ihm verächtlich ins Gesicht gespuckt.

Aber trotzdem war er nicht ungehorsam und wich nicht zurück.

Wie ist das mit uns – so werden wir heute gefragt.

Lassen wir uns von Ablehnung oder von Gleichgültigkeit – auch eine Form von Ablehnung – zum Zurückweichen bringen, entmutigen?

Dann brauchen wir Hilfe, wir werden sie nicht von Menschen erfahren, sie hier auch letztlich nicht suchen dürfen.

Aber Gott der Herr hilft mir, darum werde ich nicht zuschanden.

Wir müssen unserem Auftrag als Hörende und Redende treu bleiben.

Und: Wir müssen das Leiden um dieses Wortes Gottes willen bewusst annehmen und bejahen.

Dies ist ein ganz neuer Augenblick in der Geschichte Gottes mit seinem Volk:

Keine Klage, sondern bejahendes Annehmen dieses Leides.

Trotz der Angriffe und Schmähungen, die der Knecht Gottes erfährt, hat er sich nicht gegen das Empfangen des Wortes Gottes aufgelehnt.

Er ist nicht davor zurückgewichen, mit diesem Wort vor die zu treten, für die es bestimmt war.

Dies bezieht sich in besonderer Weise auf Jesus Christus.

Aber auch auf das Evangelium von ihm.

Das Evangelium von Christus ist uns, den Christen, anvertraut.

Sind wir treue Zeugen?

Ich bin ein Sünder, hoffnungslos verloren ohne Jesus.

Es gibt hier keinen Unterschied, wir sind alle Sünder, Gott macht hier keinen Unterschied zwischen kleinen und großen Sünden und Sündern,

wir sind alle nicht so, wie wir vor Gott sein sollten.

Unsere durch die Sünder verdorbene verderbte Natur hat nur eins zur Folge:

Die Verlorenheit, den Tod der ewigen Gottesferne.

Und wir alle haben nur eine Hoffnung, einen neuen Lebensgrund:

Die Gnade Gottes in Jesus Christus.

An ihn zu glauben rechtfertigt uns und macht uns vor Gott gerecht,

schenkt uns neues, ewiges Leben.

Diese Wahrheit ist dem natürlichen Menschen nicht **genehm**, weil sie nicht **an-genehm** ist, ja weil sie ihm zunächst äußerst Unangenehmes über ihn selber offenbart, **nimmt er sie nicht an.**

Er hört sie nicht gern, er wird sie ablehnen, wenn er sich nicht von Gottes Geist

zum Umdenken, zur Buße führen lässt. Paulus sagt: Das Fleisch streitet wider den Geist.

Dennoch dürfen wir diese Wahrheit des Wortes Gottes in Jesus nicht verschweigen.

Gott will uns als Mittler seines Heils für unsere Mitmenschen gebrauchen.

Wir sollen das Salz dieser Erde sein.

Fürchten wir Ablehnung, fürchten wir es, Menschen auf die Füße zu treten,

fürchten wir, nicht „in" zu sein, belächelt und abgelehnt zu werden?

Wir müssen uns zunächst damit begnügen, Gott auf unserer Seite zu wissen.

Du musst Gott mehr gehorchen als den Menschen.

Das ist eine Grundsatzentscheidung in unserem Leben.

Der Gottesknecht hier nimmt die Schmähungen an, weil er weiß,
dass Gott dies so von ihm will.

Auch uns will Gott von unserer Leidensscheu
und Menschenfurcht, von unserem Kleinmut und Kleinglauben befreien.

Und wer Gott auf seiner Seite weiß,
Gott den Höchsten und Allmächtigen,
der wird auch von ihm die Stärke
für seinen Weg bekommen:
Gott, der Herr, hilft mir,
darum weiche ich nicht.

Es gilt, auch unser Leiden von Gott anzunehmen.
Auch das Leiden an der Verborgenheit Gottes:
Wenn du Gottes Sohn bist,
so steige herab vom Kreuz.

Nein, er bleibt noch am Kreuz hängen,
nur den Augen des Glaubens
als Sohn Gottes sichtbar, erkennbar –
auch in unserem Leben bleibt er noch am Kreuz.

Auch als der Auferstandene bleibt Christus
noch der Gekreuzigte: In unserem Mit-
gekreuzigt-werden und in dem Mit-Leiden Christi
mit unseren Leiden.

Aber einmal wird er vom Kreuz herabsteigen,
wenn sich alle Kniee, auch derer,
die es bisher im Glauben nicht tun wollten,

vor ihm beugen müssen.

Dann werden auch die mit ihm in Macht und Herrlichkeit herrschen, die bis dahin seine Niedrigkeit und Verborgenheit, sein Kreuz mit ihm geteilt haben.

Darum habe ich mein Angesicht hart gemacht wie einen Kieselstein,

denn ich weiß, dass ich nicht zuschanden werde.

Wie ernst ist es uns mit unserem Christsein? – werden wir hier gefragt.

Es gehört auch Widerstandskraft, Geduld und Ausdauer, Barmherzigkeit mit anderen und mit uns selber dazu – es ist uns kein leichter, bequemer Weg und Sieg versprochen.

Wir sollen Widerstandskraft bekommen, ihn durchzuhalten.

Wodurch?

Nur durch unser eigenes volles Einstimmen in den Willen Gottes, unser „Ja" auch zu den Anfechtungen und Schwierigkeiten unseres Weges in der Gewissheit, dass der Nothelfer immer größer ist als die Not – dieser Glaube ist der Sieg, der die Welt überwunden hat, er wird uns immer wieder die nötige Kraft zum Sieg geben.

Aber Hadern und halbes Vertrauen schwächt.

Er ist nahe, der mich gerecht spricht.

In der Nähe Gottes leben – das ist mehr als alles, was diese Welt geben kann.

Wenn es zum Rechtstreit oder zum Machtkampf mit den Widersachern kommt –
dann ist sich der Knecht Gottes dessen gewiss:
Gott steht auf seiner Seite.
So allein gelassen kann er sich ja im Ungewissen fühlen, dass er sich fragt, ob er überhaupt recht hat, ob er nicht unterliegen wird.
Auch die Jünger wurden unsicher, als Jesus vom Hohen Rat, dem höchsten Gerichtshof der Juden, verurteilt wurde.
Sogar Petrus verleugnet Jesus.
Aber dann hat Gott in diesem Gerichtsverfahren Jesus, der von allen Menschen aufgegeben wurde, zu seinem Recht verholfen und mit himmlischer Macht zu sich, in den Himmel erhöht.
Er hat ihn auferweckt zum ewigen Leben.
Scheinbar sah das wehrlose Annehmen der Schläge seiner Gegner wie Unterliegen aus.
So kann es auch uns als Christen gehen:
Wir scheinen unterlegen angesichts der Mächte dieser Welt: Unrecht, Gewalt, Unglaube, atheistischer Materialismus – sie scheinen stärker.
Für die Gegner des Glaubens scheint schon jetzt der Glaube an Jesus Christus zu unterliegen.
Wo ist denn euer Gott?
Aber:
Siehe, Gott der Herr hilft mir.
Wie hilft er?

Mit der Gewissheit, dass Gott das letzte Wort behalten wird,
dass er ein letztes Gericht halten wird
über alle, die seinem Wort und seinen Boten nicht gehorcht haben:
Siehe Gott, der Herr hilft mir,
wer wird mich verdammen?
Siehe, sie alle werden wie Kleider zerfallen, die die Motten fressen.
Gottes Wort aber bleibt in Ewigkeit, es vergeht nicht, und alle, die dieses Wort annehmen,
haben das ewige Leben in der Gemeinschaft mit Gott durch Jesus Christus. Amen

Pfingsten – das Kommen des Geistes Gottes

Text: 1. Kor. 2, 12 – 16

Wir haben aber nicht empfangen den Geist der Welt, sondern den Geist aus Gott, dass wir wissen können, was uns von Gott geschenkt ist. Und davon reden wir auch nicht mit Worten, wie sie menschliche Weisheit lehren kann, sondern mit Worten, die der Geist lehrt, und deuten geistliche Dinge für geistliche Menschen. Der natürliche Mensch aber vernimmt nichts vom Geist Gottes; es ist ihm eine Torheit, und er kann es nicht erkennen; denn es muss geistlich beurteilt werden. Der geistliche Mensch aber beurteilt alles und wird doch selber von niemandem beurteilt. Denn „wer hat des Herrn Sinn erkannt, oder wer will ihn unterweisen"? Wir aber haben Christi Sinn."

Liebe Schwestern und Brüder in Christus,
Paulus unterscheidet hier zwischen dem Geist Gottes und dem Geist dieser Welt,
und er sagt: Beides sind Gegensätze.

Er betont diesen Gegensatz zwischen dem Geist dieser Welt und dem Geist Gottes deshalb so sehr, weil er nicht will, dass wir Menschen dem Irrtum erliegen und in die Irre gehen,
sondern den Weg der Wahrheit zu Gott finden.
Wir sollen nicht in dem Irrtum leben, wir Menschen könnten von uns aus Gott erkennen, den Weg zu ihm finden.
Wenn einer oder eine zu uns sagt:
Ich halte nichts vom Glauben und von Gott, den gibt es doch gar nicht, ich sehe ihn ja nicht, dann braucht uns das gar nicht zu wundern, sagt der Apostel Paulus.
Der menschliche Geist vermag auch gar nichts von Gott zu erkennen.
Nur ein Mensch, der vorher den Geist Gottes empfangen hat, vermag Gott zu erkennen – in seinem Sohn Jesus Christus und in dem Weg der Nachfolge.
Nur in Gottes Licht sehen wir das Licht, nur wenn uns vorher durch Gottes Hilfe ein Licht aufgegangen ist.
Um es in einem Beispiel zu sagen:
Wir mögen noch so viel Geld auf unserem Konto haben,
wenn wir aber vor dem Geldautomaten stehen und wissen unsere Geheimzahl nicht, kommen wir nicht an unser Guthaben heran.

Übertragen:
Ohne den Geist Gottes kommen wir nicht an Gott und seine Gaben heran.
Aber Gott will uns ja seine Geheimnisse aufschließen, er will uns ja seine Gaben schenken, er will uns seine Geheimzahl verraten.
Dass wir wissen können, was uns von Gott geschenkt ist.
Das Guthaben, das wir bei Gott haben, die Reichtümer, die er uns schenken will - alles hat uns Jesus Christus erworben. In ihm haben wir das Heil,
in ihm haben wir Erlösung von der Sünde, in ihm werden wir geheiligt,
durch ihn werden wir einmal verherrlicht, bekommen einen neuen, einen Ewigkeitsleib.
Wir aber haben nicht empfangen den Geist der Welt, sondern den Geist aus Gott, dass wir wissen können, was uns von Gott geschenkt ist - in Jesus Christus.
Wir sagen: Wir stehen in der Sonne.
Oder: Wir stehen im Wind
Oder: Wir stehen im Regen.
Wir meinen: Wir setzen uns der Sonne, dem Wind, dem Regen aus.
So sind wir auch "in Christus", in dem Kraftfeld seines Geistes.
Dieser Geist Gottes kommt im Pfingstfest aus der neuen Welt Gottes,

die Jesus für uns geschaffen hat,
zu uns. Deshalb ist er auch ein neuer Geist, unterschiedlich zu unserem
natürlichen Geist.
Jesus hat die Trennung der Sünde zwischen Gott und uns am Kreuz überwunden, nun strömt der Geist Gottes ungehindert dort ein, wo man ihn einlässt: Unser Leib ist jetzt ein „Tempel des Heiligen Geistes" und unser „ganzes Leben" – also sonntags wie Alltags – kann und soll ein Gottesdienst sein, sagt Paulus.
Gott wohnt im Himmel, aber er hat auch seine Niederlassungen, seine Wohnungen hier auf Erden:
In uns, seiner Gemeinde, in uns, den Christen, den Geistmenschen, in denen,
die sich dem Geist Gottes geöffnet haben, die in seinem Kraftfeld leben.
Im Kraftfeld dieses Geistes der Kraft, der Liebe und der Besonnenheit.
In diesem: „Besonnen" steckt der Unterschied zum natürlichen Geist.
Der natürliche Mensch ist es noch nicht, der besonnen reagiert,
der sich besinnt, der einen neuen Sinn hat:
der nicht Böses mit Bösem vergilt, der sich nicht entmutigen lässt durch Leid, sondern der sich besinnt auf den neuen Sinn Jesu Christi: Selig

sind, die da Leid tragen, denn sie sollen getröstet werden.

Der natürliche Mensch vernimmt nichts vom Geist Gottes.

Paulus stellt dem natürlichen Menschen hier den neuen, geistlichen Menschen gegenüber.

Dieser neue geistliche Mensch ist unter anderem sanftmütig, Sanftmut ist nach dem Neuen Testament eine Frucht des Heiligen Geistes. Aber nicht alle sanftmütigen Menschen sind es eindeutig vom heiligen Geiste her. Es gibt auch angeborenes, natürliches Phlegma, das in bestimmten Lebenslagen genauso reagiert wie die heilige Sanftmut.

Bei einem solchen milden Temperament hat doch der Geist Gottes vermutlich wieder ganz andere Aufgaben und wirkt vielleicht gerade in entgegengesetzter

Richtung. Wir werden also Gott nie auf Symptome festlegen können,

sondern es geht immer um eine grundsätzliche Erneuerung von innen heraus.

„Von innen" - d.h. jeder Mensch darf und muss das mit sich selber und Gott abmachen.

Es ist immer eine ganz persönliche Sache zwischen jedem Einzelnen und Gott - aber für jeden ist es dann auch vollkommen eindeutig, was Gottes Geist

von uns will.

Der natürliche Mensch aber vernimmt nichts vom Geist Gottes.

Es braucht uns also nicht zu wundern, wenn Menschen in uns Christen und im Leben der Gemeinde den Geist Gottes gar nicht erkennen.

Es ist ihnen eine Torheit, sagt Paulus, und sie können es gar nicht erkennen.

Denn es muss geistlich beurteilt werden.

Deshalb aber sollten wir auch nicht Gottes Geist und Wort den Menschen anpassen, das würde ihnen nicht helfen.

„Wicso soll ich ein Sünder sein – ich tue doch nichts Böses" –

wenn wir Solches hören und dann abschwächen und sagen:

Es ist ja gar nicht so schlimm um dich bestellt - dann heben wir die Wahrheit Gottes auf.

Wie verkehrt und arm ich vor Gott dran bin, dass kann mir erst der Geist Gottes zeigen.

Diese Wahrheit kann nur durch den Geist Gottes erkannt werden,

wenn wir uns vor Gott demütigen und an seinem Handeln in Jesus erkennen:

Ja, auch für mich und meine Sünden musste Christus sterben.

Der natürliche Mensch ist der, der den göttlichen Geist noch nicht hat.

Und der deshalb auch noch nicht die Wahrheit über sich selbst erkannt hat.

Ihm muss alles, was vom Geist Gottes herkommt, als Torheit erscheinen.

Er fragt: Gott – und ich ein Sünder – was soll mir das?

Dem steht der Mensch gegenüber, der dem Geist Gottes in sich Raum gibt, er beurteilt alles, was geistlich beurteilt werden muss, auch geistlich, also angemessen.

Nietzsche spricht einmal im Zusammenhang der Religion von einem gefährlichen Spiel und beschreibt dabei gleichsam von außen richtig das Wirken des Geistes Gottes in einem Menschen:

Wer der religiösen Empfindung in sich Raum gibt, der muss sie dann auch wachsen lassen, er kann nicht anders. Da verändert sich allmählich sein Wesen, es bevorzugt das dem religiösen Element Anhängende, Benachbarte, der ganze Umkreis des Urteilens und Empfindens wird umwölkt, mit religiösen Schatten überflogen.

Die Empfindung kann nicht stillstehen, man nehme sich also in Acht.

Das hat dieser Gottesleugner richtig erkannt:

Dem natürlichen Menschen ist der Geist Gottes Torheit.

Für ihn legt er sich wie eine Wolke, wie ein Schatten über die Welt,

aber für den vom Geist Gottes erleuchteten Menschen ist er das Licht

Gottes aus seiner neuen Welt.

Aber das Unverständnis dieser Welt braucht uns nicht zu schrecken:

Der geistliche Mensch aber beurteilt alles, und wird doch selber von niemandem beurteilt.

Wir sind im letzten Sinn der Kritik und Beurteilung dieser Welt entzogen.

Dieser isst mit Sündern und Zöllnern!

Die Welt redet, wenn sie über Gott und Jesus redet, wie ein Blinder von

der Farbe,

erst wenn der Geist Gottes einem natürlichen Menschen die Augen öffnet,

vermag er Gott zu erkennen, seine Wahrheiten, sich als Sünder erkennen, und als Begnadigter in Jesus.

Die neue Welt, die Gott in Jesu geschaffen hat, ist dem natürlichen Menschen völlig unzugänglich.

Deshalb wird ein Kind nach seiner natürlichen Geburt noch einmal wiedergeboren in der Taufe - nun zum ewigen Leben in der neuen Welt Gottes.

Dieser Geist Gottes hebt den Getauften aus der alten Welt heraus und verbindet ihn mit der neuen Welt Gottes.

Wir aber haben Christi Sinn.

Trotz aller Anfechtung, weil wir noch in dieser alten Welt mit ihren alten Geistesmächten leben, sind wir aber nicht mehr von dieser Welt.

Grund für unsere unvergängliche Hoffnung, unser ewiges Erbe:

Gottes Verheißung im Alten Bund an sein Volk Israel wird in Jesus bestätigt und so zeigt sich, dass Gott sich selbst nicht untreu werden kann, auch wenn wir untreu sind.

Was er angefangen hat in Abraham, das führt er fort in Jesus:

Dass er alle Menschen auf Erden segnen will, also auch uns in der Begegnung mit seinem Wort.

Dieser Segen kommt nun zu allen Menschen in Christus.

Paulus setzt den Geist Gottes mit dem Geist Jesu gleich.

Der Herr Jesus Christus ist der Geist.

Und wir haben Christi Geist.

Durch Christus ist der Geist Gottes überhaupt erst in diese Welt gekommen.

Denn Christus allein - nicht wir - hat die anderen Geistesmächte überwunden am Kreuz:

Hass mit Liebe,

Gewalt mit Sanftmut,

Unglaube mit Glauben,

Machtgier mit Demut,

Ichsucht mit ganzem Gehorsam,

Gottlosigkeit mit Vertrauen zu Gott.

Aus dem Tod des Gekreuzigten wächst neues Leben, der neue Geist.

Das bleibt dem natürlichen Menschen verborgen.

Er müsste ja vorher seinem alten Menschen sterben.

Nehmen wir unsere Taufe als Wiedergeburt ganz ernst!

Wir haben jetzt einen neuen Lebensgeist, den Geist Christi.

Deshalb ist es wichtig, dass wir den Glauben an den Dreieinigen Gott bewahren.

An den Schöpfer, Erntedankfest,
an den Sohn Jesus Christi, Weihnachtsfest,
aber auch an den Heiligen Geist, das Pfingstfest heute.

Unser ganzes Leben kann ein Pfingstfest sein,
immer können wir im Kraftfeld dieses Geistes Gottes leben.

Danke dem dreieinigen Gott,
Vater, Sohn und Heiliger Geist, Amen.

Pfingsten – das Geburtstagsfest der Kirche

Text: Epheser 4,11-15

Und er hat einige als Apostel eingesetzt, einige als Propheten, einige als Evangelisten, einige als Hirten und Lehrer, damit die Heiligen zugerüstet werden zum Werk des Dienstes. Dadurch soll der Leib Christi erbaut werden, bis wir alle hingelangen zur Einheit des Glaubens und der Erkenntnis des Sohnes Gottes, zum vollendeten Mann, zum vollen Maß der Fülle Christi, damit wir nicht mehr unmündig seien und uns von jedem Wind eine Lehre bewegen und umhertreiben lassen durch trügerisches Spiel der Menschen, mit dem sie uns arglistig verführen. Lasst uns aber wahrhaftig sein in der Liebe und wachsen in allen Stücken zu dem hin, der das Haupt ist, Christus".

Liebe Gemeinde,
wir feiern Pfingsten, das Geburtstagsfest der Kirche.
Die Kirche, in der auch wir leben dürfen,
ist eine Gabe Christi, kein Werk von Menschen.

Gott hat sie eingesetzt.
Gott schenkt uns seine Kirche.
Weil er uns durch die Kirche
Jesus Christus schenken will.
Die Kirche ist also auch nicht Selbstzweck,
sie soll nicht etwa hauptsächlich der Geselligkeit,
der Gemeinschaft,
einer Frömmigkeitstradition dienen, das auch,
aber nicht in erster Linie,
sie dient vielmehr dem einen großen Ziel:
Dadurch soll der Leib Christi erbaut werden.
Für diesen Zweck, zu diesem Ziel,
gibt Gott kirchliche Ämter,
durch diese soll das Heil in Christus zu
allen Christen kommen:
Apostel, Propheten, Evangelisten, Hirten und
Lehrer.
Alle diese Ämter haben nur das eine große Ziel:
Christus groß zu machen,
den Leib Christi, die Kirche, aufzubauen.
Dieser Leib Christi, zu der alle Christen aus den
verschiedenen Kirchen
gehören, ist eine Einheit.
Diese Einheit ist schon da, sie braucht von uns
nicht erst geschaffen werden.
Diese Einheit ist in dem einen Herrn Jesus
Christus da,
nur in ihm haben alle Christen ihr ewiges Heil.

Aber: Diese Einheit ist noch eine verborgene Einheit.

Wir müssen heute diese „Einheit in Vielfalt" noch aushalten als verborgene Einheit, die in äußerlichem Getrenntsein geschieht.

Aber wenn wir uns so auch in unserer Stadt noch in verschiedenen Kirchen und Gemeinden versammeln,

wir sollten bei unserem Versammeln die anderen immer mit dabeihaben,

im Sinne des Liedanfanges:

Es kennt der Herr die seinen und hat sie stets gekannt,

die Großen und die Kleinen in jedem Volk und Land.

Diese Einheit des Leibes Jesu, diese Einheit der Kirche,

ist also vorläufig noch eine verborgene Einheit.

Wir müssen an sie glauben, auch wenn wir sie noch nicht sehen.

Diese Einheit der Kirche, des Leibes Jesu, ist aber auch keine statische,

unbewegliche, unlebendige Einheit.

Ein Leib ist ein lebendiger Organismus, der wächst. Es geht auch um Wachstum, um Aufbau, um Bewegung, um Dienst, um unser Wirken.

Aber jetzt wirken wir nicht so, als müssten wir den Leib Christi, die Kirche, überhaupt erst herstellen.

Nein, weil wir schon in Christus sind, geborgen in ihm,

wachsen wir jetzt zu ihm hin.

„Bis wir alle hingelangen zur Einheit des Glaubens und der Erkenntnis des Sohnes Gottes, zum vollendeten Mann, zum vollen Maß der Fülle Christi."

Auch in einem Baby ist schon alles vollständig vorhanden und angelegt,

was aber dann im Lauf des Wachstums größer und kräftiger wird.

Und dieser Wachstumsprozess hat ein festes Ziel, wenn eben ein Mensch ausgewachsen, erwachsen ist – ein vollendeter Mann, eine vollendete Frau, übertragen: wenn die Kirche zum vollen Maß der Fülle Christi gekommen ist.

Dieser inneren Dynamik, dieser Kraft des Heiligen Geistes in uns, sollen wir folgen, dazu ist beim Geburtstag der Kirche, dem Pfingstfest,

der Kirche die Kraft des Heiligen Geistes geschenkt worden, diese innere Dynamik Gottes.

Durch diesen Geist und seine verschiedenen Gaben werden wir zugerüstet zum Werk des Dienstes, damit der Leib Christi erbaut werden soll.

Frage an jeden von uns und an unsere Gemeinden: Sind wir bei diesem Wachstum, können wir Eigenes aufgeben aus Liebe zueinander und zu Christus,

wenn dadurch die Einheit des Leibes Jesu wächst?

Nehmen wir zu in der Einheit der Liebe?

Die Gemeinschaft der Christen, wie wir sie auch heute Morgen erfahren,

ist deshalb etwas ganz anderes als die Gemeinschaft von Menschen sonst

in dieser Welt.

Artur Schopenhauer, der Philosoph, beschreibt die Gemeinschaft unter Menschen in dieser Welt einmal so:

An einem eisigen Wintertag – der Wind pfiff schneidend – drängte sich eine Schar Stachelschweine in ihrem Schlupfwinkel so nahe aneinander, wie es möglich war.

Aber als sie sich zusammendrängten, bohrten sich ihre spitzen Stacheln gegenseitig in ihre Körper. Sie wichen also wieder auseinander, doch die eisige Kälte zwang sie abermals, nahe zusammenzurücken. Wieder stachen sie sich mit ihren Borsten, und wieder wichen sie auseinander. Auseinander – zusammenrücken – auseinander – das wiederholte sich so oft, bis sie einen Abstand gefunden hatten, der sie die Kälte des Winters ertragen ließ; nicht allzu nahe beisammen, so dass sie ihre Stacheln nicht störten, und nicht allzu sehr auseinander, so dass sie nicht erfroren. Diesen

Abstand nannten sie Höflichkeit und gutes Benehmen.
Liebe Schwestern und Brüder in Christus,
das ist ja sehr realistisch mit den Borsten und schon sehr viel:
Höflichkeit und gutes Benehmen.
Aber wenn ich uns so anspreche, lieben Schwestern und Brüder in Christus,
dann merken Sie, dass dies für Menschen, die in der einen Kirche Jesu Christi miteinander verbunden sind doch noch zu wenig ist.
Gewiss haben auch sie ihre Stacheln, ihre Eigenarten,
und auch wir Christen und christlichen Gemeinden in unserem Tun einander vielleicht schon einmal weh, ohne dass wir es wollen,
aber dann reicht es unter uns Christen und unter uns christlichen Gemeinden nicht,
wenn es die freundliche Distanz der Höflichkeit gibt.
Nein, was uns in Christus verbindet und zusammenhält und
immer wieder nach neuer Nähe und Einheit suchen lässt ist:
Die Liebe.
Nicht unsere Liebe, sondern die Liebe,
die durch Jesus Christus,
durch seinen Tod am Kreuz für uns
auf diese Welt gekommen ist.

Sie kann und will besonders dort wirken,
wo sich Menschen ganz und gar dieser Liebe
verpflichtet fühlen,
und sie sich ihrer Kraft aussetzen:
In der Gemeinde Jesu Christi.
Und auch das Umgekehrte müssen wir uns sagen
lassen:
Dort, wo diese Liebe nicht wirkt,
ist keine christliche Gemeinde,
auch wenn sie sich so nennt.
Paulus sagt das ganz deutlich:
Lasst uns aber wahrhaftig sein in der Liebe und
wachsen in allen Stücken zu dem hin, der das
Haupt ist, Christus.
Wer zum Haupt hin, zu Christus wächst,
wer also in seiner Liebe wächst,
der wächst auch in der wahrhaftigen Liebe zu
seinen Schwestern und Brüdern.
Die Gemeinde ist in Christus und seiner Leibe
gestiftet, gegründet.
Er ist ihr Maßstab, er und seine Liebe,
er ist auch ihr Schutz und Lebensraum für ihre
Entfaltung.

Nur in Christus hat sie jeden Augenblick ihren
Bestand.
Denn unsere mangelnde Liebe braucht jeden
Augenblick das Getragen werden von der

unendlichen Liebe Gottes in Jesus Christus zu
uns.
Das schenkt uns einerseits die Geborgenheit, das
getroste Wissen:
Ich bin der Liebe und Gnade Gottes in Jesus
geborgen.
Andererseits ist diese Liebe eine Kraft, eine
Dynamik,
die uns Christen in Bewegung setzt.
Tradition und Erneuerung sind hier keine
Gegensätze,
sondern machen einander möglich.
Konservatives Bewahren und Bewahrt-sein
machen hier nicht bewegungslos,
sondern geben die Gelassenheit
sich einer Dynamik der Liebe auszusetzen,
sich Neuem und der Zukunft zu öffnen
mit dem einen Ziel:
Christus –
dieses Ziel ist gleichzeitig der Grund,
von dem wir herkommen.
Die Kirche muss bei diesem Grund und Ziel,
Christus bleiben.
Paulus weist in energischen, scharfen Ton die
gnostischen Irrlehrer,
die die Gemeinde von Christus abbringen wollen
zu Recht:
Damit wir nicht mehr unmündig seien, und uns
von jedem Wind einer Lehre bewegen und

umhertreiben lassen durch trügerische Spiele der Menschen, mit dem sie uns arglistig verführen.

Paulus sieht hier die Gefahr, dass sich Christen von der zielsicheren Richtung der Bewegung zu Christus hin abbringen lassen wie ein Schiff, dem das Steuer fehlt und das nun im Sturm hin und her getrieben wird.

Dagegen sagt er:

Ihr habt einen festen, lebendigen Grund: Christus.

Und ihr habt einen Steuermann und ein Ziel: Christus.

Lasst euch nicht verwirren auf dem Markt der Heilslehren,

es geht in dieser Welt ein trügerisches Spiel um:

Vielleicht ist es heute der Materialismus,

die Medien- und Spaßgesellschaft,

die uns vorgaukelt,

dies sei schon das Leben.

Nichts gegen materielle Güter, nichts gegen Spaß,

nichts gegen die Fülle, den Reichtum an Medien.

Aber dies darf doch nicht zum letzten Lebensinhalt werden,

dann werden wir ja betrogen,

wir meinen, das Leben dann schon zu haben,

wenn wir diese äußeren Gaben haben –

aber es ist allein Christus, seine Liebe,

und unser Wachstum in dieser Liebe,

was unserem Leben

und unserem Zusammenleben
in Ehe, Familie, Beruf und
besonders in der Gemeinde Jesu letzten Grund,
Geborgenheit, Ausrichtung auf ein lohnendes
Lebensziel gibt.
Lasst uns aber wahrhaftig sein in der Liebe und
wachsen in allen Stücken zu dem, der das Haupt
ist, Christus.

Weihnachten

Denn also hat Gott die Welt geliebt, dass er seinen eingeborenen Sohn gab, auf dass alle, die an ihn glauben, nicht verloren werden, sondern das ewige Leben haben. Denn Gott hat seinen Sohn nicht gesandt, dass er die Welt richte, sondern dass die Welt durch ihn gerettet werde. Wer an ihn glaubt, der wird nicht gerichtet; wer aber nicht glaubt, der ist schon gerichtet, denn er hat nicht geglaubt an den Namen des eingeborenen Sohnes Gottes. Das ist aber das Gericht, dass das Licht in die Welt gekommen ist, und die Menschen liebten die Finsternis mehr als das Licht, denn ihre Werke waren böse. Wer Böses tut, der hasst das Licht und kommt nicht zu dem Licht, damit seine Werke nicht aufgedeckt werden. Wer aber die Wahrheit tut, der kommt zu dem Licht, damit offenbar wird, dass seine Werke in Gott getan sind.

Johannesevangelium 3,16-21

1.Gottes Sohn

Liebe Gemeinde,
Weihnachten ist das Fest der Geschenke, so sagen
wir und meinen dabei zunächst die Geschenke, die
wir Menschen uns gegenseitig machen.
Das aber ist nicht der erste und eigentliche Sinn
dieses Festes. Zunächst geht es um das Geschenk,
das Gott uns mit seinem Sohn macht.
Dieses Geschenk recht zu erkennen entscheidet
nämlich nicht nur über unser irdisches, sondern
auch über unser ewiges Schicksal.
Gott Menschen kümmert sich um uns, diese Welt
und wir, seine Menschen, sind ihm nicht
gleichgültig, wir sollen ihm nicht verloren gehen,
nein, er geht uns nach und kümmert sich um
unsere körperlichen und seelischen Bedürfnisse.
Das hören wir gerne, aber ein Blick auf diese Welt
und unser Leben scheint uns doch angesichts der
vielen Nöte das Gegenteil zu zeigen.
Goethe sagte: Die Botschaft hör ich wohl, allein,
mir fehlt der Glaube.
Und er hat ja auch Recht, suchen wir die
Verwirklichung und Wahrheit der Botschaft in
dieser Welt zu erkennen. Sollen wir die
Weihnachtsbotschaft, das Weihnachtsevangelium
also als unglaubwürdig verwerfen?
Wer so denkt, der sehe in die Krippe, dort liegt der
allmächtige Sohn Gottes als kleines hilfloses

schwaches Kind in den armseligsten Verhältnissen. Und er sehe ans Kreuz, dort hängt er als einer, der die Not der ganzen Welt auf sich nahm, der ihr nicht auswich, sondern in sie einging, und sie siegreich überwand als der Auferstandene.

Warum?

Damit wir uns gerade da, wo wir uns schwach und hilflos fühlen, wo wir unter der Not dieser Welt und unseres Lebens leiden der mächtigeren Liebe Gottes in seinem Sohn nahe wissen dürfen.

Das erste Weihnachtsgeschenk Gottes: Sein Sohn und sein Weg von der Krippe zum Kreuz.

2.Gottes Licht

Das zweite himmlische Geschenk, das uns Gott in seinem Sohn macht:

Es ist das Licht der Wahrheit, das allen falschen Schein dieser Welt aufdeckt: Es deckt auf, dass die ganze Welt, alle ihre Mächte und Menschen, so hell und strahlend sie auch manchmal erscheinen mögen, ohne Gott eine große Dunkelheit ist.

Himmel und Erde, Gott und Mensch, Christus und Satan sind voneinander geschieden wie Licht und Finsternis, sie können nie miteinander Frieden schließen, entweder herrscht das eine oder das andere:

Deshalb ist schon das Erscheinen des Lichtes, Christus, selbst das Gericht,

das Gericht über Welt, Mensch und Satan:

Das ist aber das Gericht, dass das Licht in die Welt gekommen ist, und die Menschen liebten die Finsternis mehr als das Licht, denn ihre Werke waren böse.

Ein Berliner Stadtmissionar erzählte, dass er einmal einem Passanten eine Evangeliums-schrift gegeben habe, dieser habe sie auch dankbar entgegengenommen. Als er ihn einige Wochen später wieder traf und ihm abermals eine Schrift überreichen wollte, wehrte dieser ab.

Auf die Frage des Stadtmissionars hin, warum er die Annahme verweigere, antwortete der Mann:

Wenn ich das weiterlese, was da drinsteht, müsste ich mich ändern, und das will ich nicht.

Die Menschen lieben die Finsternis mehr als das Licht, heißt es in unserem Text.

3.Gottes Entscheidung

Dies ist das dritte Geschenk aus dem Himmel, dass Gott uns mit seinem Sohn gibt:

Wenn Gott das Licht von der Finsternis scheidet, wenn er uns die Erkenntnis

über die Verlorenheit und Sündhaftigkeit dieser
Welt und unseres eigenen Lebens schenkt,
dann gibt er uns auch die Kraft,
uns von der Finsternis, von der Sünde zu trennen.
Weil Gott sich in Jesus für uns entschieden hat,
dürfen wir uns auch für ihn entscheiden.
Solange wir in der Entscheidungszeit leben,
bleibt der Himmel über jedem Menschen offen.
Gott schließt niemanden aus,
Christus will noch niemanden richten, sondern
alle retten,
wir können uns nur selber ausschließen.
Satan, Sünde, Leiden und Tod vermögen uns nicht
mehr von Gott zu trennen,
denn Jesu alles überwunden.
Das Einzige, das uns jetzt noch von Gott trennen
kann ist:
Dieses Geschenk Gottes, seinen Sohn, nicht
anzunehmen.
Nur der Unglaube ist jetzt noch Sünde, die den
Menschen von Gott zu trennen vermag,
und mit ihm richtet und bestraft sich der Mensch
nur selber.
Jesus sagt, ich richte und Strafe noch nicht, dazu
bin ich noch nicht gekommen.
Wer im Unglauben bleibt, der bleibt in der Sünde,
und das ist schon Gericht und Strafe genug.

Wer sich für Jesus entscheidet, wer sich von Jesus scheiden, trennen lässt von den gottlosen Mächten und Menschen dieser Welt, dem schenkt er das vierte Himmelsgeschenk:

4.Gottes Liebe

In seinem Sohn Jesus Christus schenkt uns Gott also sein Heil mitten in einer unheilen Welt.
Es ist wichtig für uns, dies zu sehen, d.h. auf ihn, in die Krippe und ans Kreuz zu sehen, wenn wir Gottes Liebe finden wollen.
Wir könnten ja sonst fragen:
Gottes Liebe, wo war sie denn in meiner Krankheit, in meinen seelischen und körperlichen Nöten, in meinen Niederlagen, in dem, was ich an Enttäuschungen, an Bösem und Lieblosem von Menschen erfahren habe.
Aber so ist Gottes Liebe eben nicht ablesbar und erfahrbar: Im Glück, Erfolg, Gesundheit, im Wohlergehen in dieser Welt.
Dann würden wir nicht an Gott selbst, sondern an seine Gaben, an seine Schöpfung gebunden sein – wenn diese wegfallen, hätten wir auch unseren Glauben verloren, und sie werden ja alle einmal – spätestens im Tod – von uns genommen.
Nein, Gott will uns nicht etwas schenken, sondern sich selbst in seinem Sohn, und mit ihm einen

neuen Geist und einen neuen Leib in einer neuen Welt.

Wer das nicht erkennt und ihn in anderen Dingen, in den unerlösten Mächten und Menschen dieser Welt sucht, der geht an dem größten Geschenk Gottes vorbei: An seiner Liebe zu dem Sünder in seinem Sohn Jesus Christus.

Ein größeres Geschenk kann Gott uns, seinen Geschöpfen, nicht machen.

Das ist zugleich die größte, wichtigste Entscheidung, die jeder Mensch zu treffen hat, weil sie darüber entscheidet, ob er gerettet wird oder verloren geht.

Die Entscheidung heißt: Vertraue ich der Liebe Gottes in seinem Sohn oder nicht, bleibe ich bei mir und dieser Welt und ihren Mächten in Angst und Sorge, Ichsucht und Habsucht gefangen?

In einem Spielfilm gibt es eine Szene, die zeigt, wie eine Frau schon kurz nach dem Kennenlernen einen ihr bis dahin unbekannten Mann heiratet.

Nun werden ihr nach der Hochzeit von missgünstigen Bekannten Verdächtigungen über ihren Mann zugetragen.

Sie wird misstrauisch und beobachtet jede seiner Handlungen. Er beteuert, dass er sie liebe, aber sie will Beweise, sie traut ihm nicht mehr.

Als sie einmal eine Fahrt mit dem Auto machen, halten sie an einer Steilküste. Sie machen einen Spaziergang, bei dem die Frau plötzlich auf losem Geröll ausgleitet und sich nur noch im letzten Augenblick mit den Händen am Abhang hoch über dem Meer festkrallen kann.

Sie sieht hinauf – und über sich das Gesicht ihres Mannes.

„Komm, gib mir deine Hand", sagt dieser. „Ich zieh dich hinauf".

Was soll sie tun?

Will er sie vielleicht nur hinunterstoßen, sie ermorden, wenn sie ihm die Hand entgegenstreckt?

Oder ist ihm wirklich zu trauen, will er sie wirklich retten und zu sich hinaufziehen, ist seine Liebe wahr und echt?

Was soll sie tun?

Lassen Sie uns diese Szene als Gleichnis nehmen für unser Verhältnis zu Jesus.

Vertrauen wir seiner Liebe ganz und gar – auch wenn da andere Stimmen uns misstrauisch machen, wenn Sichtbares, wenn unsere ganze Lebenssituation, ja die ganze Welt, wenn Nöte und Abgründe dagegen zu sprechen scheinen?

Seine Herrschaft ist jetzt noch verborgen in Krippe und Kreuz, in Niedrigkeit, Leiden, Ungerechtigkeit und Tod?

Und nur dem Glauben, der trotz allem den Blick fest auf den Gekreuzigten selbst gerichtet behält, gilt die Verheißung des Sieges über die Welt und ihre Anfechtungen.

Wenn wir Jesus nicht unser ganzes Vertrauen und damit unser ganzes Leben geben, bleiben wir über dem Abgrund wie jene Frau im Film:

Wer aber nicht glaubt, sagt Jesus, der ist schon gerichtet.

Der richtet sich gleichsam selbst durch sein Misstrauen, das ihn bei sich selbst gefangen hält, durch das er sich selbst sowohl von der Gottesliebe als auch von der Nächstenliebe ausschließt.

Unser Misstrauen, unser Unglaube und damit unsere Sünde, die uns dann gefangen hält, ist schon unser Gericht:

„Über die Sünde: dass sie nicht an mich glauben", Joh. 16,9.

„Hätte ich nicht die Werke getan unter ihnen, die kein anderer getan hat, so hätten sie keine Sünde. Nun aber haben sie es gesehen, und doch hassen sie mich und meinen Vater", Joh. 15, 24.

Wir dürfen die rettende Hand Gottes in Jesus ergreifen, nur so erfahren wir dann auch wirklich, d.h. in allen Lebenssituationen „wirksam" die Wahrheit und Tragkraft dieser Liebe, die uns aus allem Zeitlichen, Sichtbaren erretten und auf ewig selig machen kann, hier zunächst im Glauben und im Geist, einmal bei Jesu Wiederkommen im Schauen und in Herrlichkeit.

Zum Glauben kommt der, der zur Wahrheit kommt, der anerkennt, dass er ohne Gottes Hilfe in Jesus unrettbar über dem Abgrund dieser Welt verloren ist. Ob ich diese Wahrheit annehme entscheidet darüber, ob ich Gottes rettende Liebe erfahre. Ohne Wahrheit keine Liebe und Rettung.: „Wer aber die Wahrheit tut, der kommt zu dem Licht". Stellen wir uns vor, die Frau hätte nicht geglaubt, dass sie ihr Mann wahrhaftig liebte und wirklich retten wollte, sie hätte also nicht nach seiner Hand gegriffen, sondern sie von sich gestoßen – sie wäre am Ende zu Grunde gegangen, ihre eigenen Kräfte hätten ihr nicht helfen können, sie hätte sich nicht mehr lange über dem Abgrund halten können.

Gott zwingt keinen Menschen zu seinem Glück, er sucht unser Herz statt mit Gewalt mit Liebe zu gewinnen, dazu aber braucht er unser Vertrauen und unser Wahrwerden vor ihm, unser Eingeständnis, dass wir ohne seine rettende Hand, ohne das Heilswerk Jesu in Kreuz und Auferstehung in unseren Sünden verloren sind.

Darum kommt er als Kind in der Krippe und als Gekreuzigter zu uns: Arm, machtlos, im Verzicht auf Ehre und Ruhm von Seiten der Menschen, um allein seinem Vater im Himmel ganz gehorsam zu sein: Mein Reich ist nicht von dieser Welt.

Dafür aber kommt er mit einer Liebe, die sich nichts erspart, die Tod und Gottverlassenheit erträgt, damit wir wieder die heilsame Nähe Gottes durch die Vergebung unserer Schuld erfahren. So wirbt Gottes Lieb in Jesus um unsere Gegenliebe, um unser Vertrauen, um unser Wahrwerden vor ihm.

Und gerade dann, wenn vieles uns die Liebe Gottes in Frage stellt, wenn eigene und fremde Nöte uns zu schaffen machen, wenn wir arm, machtlos und von den Menschen verachtet und verlassen über dem Abgrund dieser Welt hängen, gerade dann dürfen wir uns dem ganz nahe wissen, der uns seine Hand in alle Abgründe und Tiefen unseres Lebens entgegenstreckt, d.h. der sich in Krippe und Kreuz so erniedrigt hat, damit wir in unserer Verlorenheit und Niedrigkeit nicht allein sind, sondern seine rettende, heilende Liebe erfahren.

Hier, Herr, hast du mein Leben. Ich will es dir anvertrauen, mache du daraus etwas zu deiner Ehre. Ich habe viele Fragen, vieles ist mir noch unklar, dunkel. All das bringe ich auch zu dir und glaube, dass du auch das einmal hell machen wirst. Zeige mir jetzt und hier deinen Willen, zeige mir, was ich tun soll. Ich möchte an deiner Liebe nicht achtlos oder misstrauisch vorübergehen. Denn auch für mich bist du dieses Kind in der Krippe, dieser Heiland am Kreuz geworden. Und ich vertraue dir, dass dein Friede, der mein Begreifen weit übersteigt, mich bewahrt, weil ich ja in deiner Hand geborgen bin in Zeit und Ewigkeit. Amen.

6. Januar:
Epiphanias Fest der Erscheinung des Herrn

Gott erscheint in seinem Sohn

Und du, Bethlehem Efrata, die du klein bist unter den Städten in Juda, aus dir soll mir der kommen, der in Israel Herr sei, dessen Ausgang von Anfang und von Ewigkeit her gewesen ist.
Indes lässt er sie plagen bis auf die Zeit, dass die, welche gebären soll, geboren hat.
Da wird dann der Rest seiner Brüder wiederkommen zu den Söhnen Israel.
Er aber wird auftreten und weiden in der Kraft des Herrn und in der Macht des Namens des Herrn, seines Gottes. Und sie werden sicher wohnen: denn er wird zur selben Zeit herrlich werden, soweit die Welt ist.
Und er wird der Friede sein. Micha 5,1-4a

Liebe Gemeinde,
die Sippe Efrata, die hier angeredet wird, ist im Heerbann des Stammes Juda nicht einmal eine Tausendschaft, eben klein unter den Städten in Juda, aber gerade deshalb wird sie zur irdischen Wiege des gottgesandten Herrschers über ganz Israel und letztlich über die ganze Welt. Gott ist

in seinem Handeln an uns Menschen nicht angewiesen auf irdische Macht und Größe, denn sein Handeln in dem Messias an uns Menschen hat seinen Ursprung im Himmel und nicht auf Erden und braucht deshalb keine menschlich-irdischen Anknüpfungspunkte, seine messianische Herrschaft ist nicht die Fortsetzung des judäischen Königtums in der Endzeit, sondern bedeutet einen Neuanfang, der auf die reinen, ursprünglichen göttlichen Anfänge der Heilsgeschichte des Gottesvolkes zurückgreift: Aus dir soll mir kommen, der in Israel Herr sei, dessen Ausgang von Anfang und von Ewigkeit her gewesen ist.

Diese Art des Handelns Gottes finden wir auch in unserem Christenleben: Immer dann und dort, wo sich irdisch-menschlich keine Hoffnung mehr zeigt, wo es nicht mehr weiterzugehen scheint, wo wir ratlos sind, da greift Gott als Wunderrat aus dem Himmel mit seiner höheren Weisheit und seinen überirdischen, himmlischen seinen Kräften ein und beginnt ganz neu und ganz rein – aus lauter Gnade und nur aus seiner Liebe, nicht auf Grund unseres Tuns, unserer Werke.

Die Welt wird gleichsam übergangen, weil aus ihr nichts wahrhaft Gutes mehr hervorgehen kann, seitdem die Sünde in sie eingedrungen und sie von Gott abgefallen ist, es hilft nur die Brücke, die Gott selber baut zwischen der Schöpfung und der

Erlösung, zwischen Urzeit und Endzeit, diese Brücke schlägt Gott mit dem Messias, dem mit seinem Geist Gesalbten König Israels, dem Herrscher der ganzen Welt, denn seine Macht reicht bis zu den Enden der Erde.

Gottes Heilsplan der neuen Schöpfung in seinem Sohn war schon am Anfang der Welt im Schöpfungsgedanken verankert.

Und er tut dies, wenn er es für richtig hält, nachdem er uns geplagt, d.h. so erzogen hat, so hat dulden lassen, dass wir sein Heil auch recht empfangen, in Buße, Demut und Dankbarkeit.

Jeder Mensch also bleibt unter dem Strafgericht Gottes, bis er zu Gott umgekehrt ist in reue und Buße und im Glauben an dessen Versöhnung in Christus, und auch Christen werden immer wieder die Folgen ihrer Sünde zu spüren bekommen, aber weil denen, die Gott lieben, alle Dinge zum Besten dienen müssen, wie Paulus sagt, muss ihnen auch ihr Betrüben lauter Segen sein. Es ist also für ihn keine Plage mehr, sondern ein Segen. Diese Plagezeit gilt für jeden einzelnen Menschen wie für die ganze Menschheit: In der ersten, der geistlichen Phase des Endzeitreiches Christi auf Erden für jeden Menschen bis zu seiner Wiedergeburt in Christus, für die Welt bis zur zweiten, der messianischen Phase seines Endzeitreiches bei seinem Wiederkommen in Macht und Herrlichkeit, wenn er sein

Friedensreich über alle Völker aufrichten wird, nachdem Israel in ihm den erkannt hat, den es durchbohrt hat, Buße getan hat und zum Zentrum dieses Reiches wird.

Von einem König wurde berichtet, dass er es liebte, überraschend bei den Verwaltern seines reiches aufzutauchen. Ein Verwalter, der als besonders eigenmächtig, hochmütig und rücksichtslos galt, behauptete stolz und selbstsicher:

Wenn der König einmal zu ihm käme, könne dieser ihn nicht überraschen, er werde ihn sofort erkennen, denn er habe ihn ja schon einmal in seinem prachtvollen Königsgewandt und mit seiner glänzenden Krone gesehen.

Eines späten Abends pochte es an die Tür des Verwalters. Draußen stand ein Mann, er sah ärmlich aus und war in einen fest zugeknöpften Mantel gehüllt.

Bescheiden bat er um Einlass, um Obdach und eine Mahlzeit, wurde aber von dem Verwalter hart abgewiesen.

Da öffnete der Mann seinen zerschlissenen Mantel. Der Verwalter erbleichte. Ein glänzendes rotes Gewandt kam zum Vorschein.

Der König stand vor ihm und er hatte ihn nicht erkannt.

Unter dem unansehnlichen ärmlichen Mantel hatte der König seine Hoheit verborgen.

So hatte der Verwalter seinen König nicht erwartet.—

Wie rechnen wir Christen mit dem Kommen unseres Königs Jesus Christus?

Haben wir auch unsere Erwartungen, die er enttäuschen muss, weil auch er bei uns nicht mit irdisch-menschlichem Glanz und Gloria, in Reichtum und Wohlstand, Glück und Erfolg, in Selbstliebe und Hochmut, sondern in Niedrigkeit und Verborgenheit, Armut, Leiden und Demut kommt.

Nicht alle unsere Erwartungen und Wünsche aber alle seine Verheißungen erfüllt Gott.

Verheißen hat er uns, „dass" sein göttlicher Friedenskönigs zu uns auf Erden kommt.

„Wie" dieser kommt – auch zu uns in unser Leben hinein – das dürfen wir aus seiner Hand nehmen, denn er weiß am besten, was zu uns zum Frieden dient.

Und du Bethlehem, die du klein bist unter den Städten in Juda, aus dir soll mir der kommen, der in Israel Herr ist.

Der allmächtige Gott legt seinen Sohn in eine Krippe in dem kleinen Bethlehem, verzichtet so auf alle irdisch-menschlichen Machtmittel, er lässt ihn als verachteten Verbrecher am Kreuz auf Golgatha hinrichten und macht ihn gerade so durch diese Ohnmacht mächtig, durch diese Niedrigkeit erhöht er ihn über alle und alles.

Luther sagt:

Gott offenbart sich „sub contrario", d.h. im Gegensatz zu allem, was uns Menschen „königlich", göttlich, groß und mächtig erscheint, der große allmächtige Gott wird in Jesus klein und ohnmächtig –welch eine Macht der Liebe zu uns aber zeigt sich hier, zu uns, den Sündern, die er nur so durch die Liebesmacht des Friedenskönigs Christus retten kann.

Damit will er unsere Erwartungen, Wünsche und Ziele, unsere Wertordnungen, die durch die Verführung des Satans (im Bild der Schlange im Paradies) verrückt, pervers geworden sind, wieder zurechtrücken, damit es uns nicht so ergeht wie jenem Verwalter, der meinte, auf das Kommen seines Königs vorbereitet zu sein, der aber wegen seiner eigenen Machtgier, seines Hochmuts, seines Reichtums den König in seiner Niedrigkeit nicht erkannte; denn er hatte ja ein falsches Bild von ihm, im Grunde kannte er den König gar nicht, der König war nur eine Projektion seiner pervertierten, sündhaften Wünsche und Erwartungen, seiner eigenen Ichsucht, Lieblosigkeit, Herrsch- und Habsucht.

Deshalb konnte er ihn durch eine solche „Brille", durch solche verkehrten Maßstäbe gar nicht erkennen, als der König in Armut, Niedrigkeit verborgen, „sub contrario", das heißt im

Gegensatz seine Erwartungen und Vorstellungen zu ihm kam.

Gott sieht auf das in den Augen der Welt Unscheinbare, Niedrige, Geringe:

Es geht um Liebe zu Gott und dem Nächsten im Alltag des Lebens, in Ehe und Familie, Bekanntschaft und Nachbarschaft, und dort gerade um die niederen Liebesdienste, die nicht augenfällig sind, die nicht belobt werden und glänzend erschienen – aber gerade dieses, uns vielleicht lästig, langweilig und monoton scheinende Tun, ausgeübt als Dienst für Jesus, als Gottesdienst im Nächsten-Dienst und als Nächsten-Dienst im Gottesdienst, denn unser ganzes Leben soll ja, nach Paulus, ein vernünftiger, d.h. Christus gemäßer Gottesdienst sein – gerade dies Tun steht bei dem armen König der Armen in hohem Ansehen.

Auf diesem Hintergrund erscheint etwa die regelmäßige Hausarbeit als Möglichkeit, in solcher Niedrigkeit die Herrschaft des sich selbst erniedrigenden Königs zu erfahren:

Dieser tägliche Kampf gegen das Chaos kann ja vor diesem König unendlich hohen Wert haben. Wenn man sich vorstellte, diese Arbeit würde nicht mehr getan, man stelle sich die Wohnung, die Menge schmutziger Wäsche, das nichtgespülte Geschirr vor.

Und hinzu kommt die gleichbleibende, geduldige Freundlichkeit im Kleinen, im täglichen Umgang miteinander, das Ertragen der Launen unserer Nächsten – Gott sieht auf diese Treue im Kleinen, es ist ihm unendlich wichtig.

In allen verborgenen Diensten, die Menschen in „Demut", d.h. im Mut zum Dienen in Ehe, Familie, Beruf, Nachbarschaft, Bekanntschaft füreinander tun, will der große, allmächtige König bei uns sein, er sieht das, was vielleicht sonst kein anderer Mensch beachtet.

Denn aus kleinen geringen, unscheinbaren Anfängen kann er Großes entstehen lassen, und wer im Geringsten treu ist, der ist auch im Großen treu, den kann Gott auch über Großes setzen.

Aus dem kleinen Ort Bethlehem lässt Gott den König Israels, den Herrn der Welt kommen, Jesus Christus, dessen Ausgang von Anfang und von Ewigkeit her gewesen ist, wie es in unserem Text heißt.

Das ist also kein Widerspruch bei Gott:

Größe und Niedrigkeit, Herrlichkeit und Unscheinbarkeit.

Nein, in dieser Weltzeit bedingen sie einander sogar:

Er wird herrlich werden soweit die Welt ist:

D.h. nur als Erniedrigter und Gekreuzigter, als Kind in der Krippe und als Mann am Kreuz, nur wenn er seinen Leidens- und Sterbensweg geht, kann er als sich selbst erniedrigender Sohn Gottes in Knechtsgestalt durch sein Kreuz zur Auferstehung gelangen und anderen, die an ihn und seine Vergebung glauben, die Auferstehung und das das ewige Leben schenken.

So kommt Gott auch zu uns so, wie wir es gar nicht für möglich halten.

Aber er kommt – darauf dürfen wir uns verlassen, wenn wir mit seinem Kommen nicht in den sichtbaren Kräften dieser Welt, sondern in den unsichtbaren Kräften des Himmels rechnen, die sich nur dem Glauben offenbaren.

Darauf dürfen wir seit Gottes Offenbarung in Christus glauben, und in noch weit höherem Maße mit diesen höheren, himmlischen Kräften rechnen als Israel damals.

Stand zunächst der Glaube an einen irdischen König wie David, der einmal wiederkommen sollte, für Israel im Vordergrund, so macht hier der Prophet Micha schon deutlich, das es sich bei dem König, den er erwartet, nicht um einen irdischen König und dessen weltliche Macht und Herrschaft handelt, sondern um einen König himmlischen Ursprungs und göttlicher Art.

Ein Herr, dessen Ausgang von Ewigkeit her gewesen ist. D.h. er stammt nicht aus dieser Welt, er bedient sich nicht ihrer Mittel und Kräfte, Sucht nicht in ihr geehrt und groß zu werden, nein, seine

Größe und Ehre sind von anderer Art, sie hat kein anderer Herrscher dieser Welt:
Er kommt aus dem ewigen Reich Gottes und führt Menschen in dieses Friedensreich hinein.

1.Frage: Wer ist dieser König in dieser Welt:
Antwort: Ein König der kleinen, unscheinbaren Anfänge und der großen, weltweiten Wirkungen

2.Frage: Was hat er vor?
Antwort: Er wird auftreten und weiden in der Kraft des Herrn.

Dahinter steht das Bild vom Hirten:
Dieser König wird nicht herrschsüchtig und unbarmherzig über sein Volk regieren, sondern er wird um sein Volk besorgt sein wie ein Hirte um seine Herde, er hat nur das Beste für sein Volk im Auge und wird es deshalb immer so leiten, dass es Weide findet, d.h. immer das in Wahrheit Lebensnot-wendige hat.
Seine Führung ist dann nicht Willkür oder Gewaltausübung, sondern Dienst, Liebe und Fürsorge.
Er ist bedacht auf das Wohl seiner Herde, schützt sie vor Feinde, gibt ihr Nahrung.
Die Nahrung des Gottesvolkes, mit dem dieser König es weiden will, ist sein Wort.

Wie wichtig ist es, dass wir allein und in der Gemeinschaft mit anderen immer wieder diese Nahrung zu uns nehmen:

Mit dem Wort Gottes hat Gott uns seinen himmlischen Lebensgeist verheißen, hat ihn für diejenigen mit der Gabe seines Wortes verbunden, die an seinen Sohn, den guten Hirten, glauben.

Dieser Geist ist von ganz anderer Qualität als aller Geistreichtum des Menschen.

Er ist allein der wahre Reichtum, die vollkommene Gabe, der Segen, an dem allein alles gelegen ist.

In ihm bewahrt er und vor feindlichen, antichristlichen Geistesmächten, schenkt und das Wachstum in das Bild Christi hinein.

Dieser Hirten-König Er wird herrlich werden soweit die Welt ist.

Noch leben wir in der Zeit, in der Jesus, dieser König, durch sein Wort und seinen Geist in Niedrigkeit und Verborgenheit in dieser Welt herrscht.

Aber überall, wo Menschen ihm ihre Herzen, ihr Leben und ihr Zusammenleben öffnen, beginnt er schon herrlich zu werden,

zu herrschen mit seinem Geist des Friedens.

Einmal – bei seinem Wiederkommen in Macht und Herrlichkeit – werden sich dann alle Knie vor ihm beugen müssen.

Er wird der Friede sein.

Wir fragen, wer dieser König ist und was er tut.
Wir hören die Antwort:
Er selbst wird der Friede sein.
Person und Tun sind in ihm eins.
Die Antworten auf beide Fragen fallen zusammen:
Jesus bewirkt Frieden, weil er der Friede ist.
Deshalb gilt:
Wer sich hier und jetzt diesem Hirten-König Jesus und seiner Herrschaft anvertraut und unterstellt, der hat in ihm schon Frieden mitten in einer friedlosen Welt.
Das gilt also auch, wenn das Leben um uns her in dieser Welt gar nicht friedlich ist, wenn uns Welt und Weltmenschen Not machen und Konflikte uns zu zerreißen drohen.
Dieser Friede in Jesus ist unabhängig davon, wie es um uns her aussieht.
Er kann sich sogar mitten in einer friedlosen, notvollen Umgebung in uns und durch uns mächtig erweisen.
Es gibt Glaubens-Zeugen, die das in den Grenzsituationen ihres Lebens erfahren haben, einer davon ist Pfarrer Wilhelm Busch.
Er berichtet einmal in seinem Buch: „Jesus unser Schicksal" wie er Tag für Tag in einer Gefängniszelle saß – es war im sog. 3. Reich – und es machte ihn halb wahnsinnig, dass gar nichts geschah – keine Unterbrechung – kein

Hoffnungsschimmer. Eines Tages war er so fertig mit den Nerven, dass er dachte: Wenn ich jetzt nachgebe, dann rutsche ich in das dunkle Reich der geistigen Umnachtung, von wo man nicht mehr zurückkann. Er war auch rein körperlich am Ende, er war an dem Punkt, wo er fast die Zelle zertrümmert und die Zwangsjacke bekommen hätte. Und dann fiel ihm auf einmal, als hätte es mit einer zugeflüstert, ein Wort aus der Bibel ein: Saget Gott Dank allezeit für alles.

Er kniete nieder und begann, Gott zu danken dort, wo es scheinbar nichts zu danken gab. Dass Gott da war und dass er ihn ja nicht vergessen hatte und dass er doch eigentlich gesund war, dass er eine gute Familie zu Hause habe. Vor allem aber dankte er ihm, dass er seinen Sohn Jesus gegeben hatte und mit ihm Vergebung der Sünden und Frieden mit ihm. Als er fertig war, war eine Stunde herum.

Am Nachmittag machte er es ähnlich: Leise sang er ein paar Loblieder.

Und nun zog Ordnung in das Chaos seiner Gedanken ein. Jeden Tag wurden 2 Stunden angesetzt für das Lob Gottes und damit kamen Ordnung und Ruhe in alles andere. Gottes Friede zog in sein Herz.

Eines Tages besuchte Pastor Busch seine Frau im Gefängnis. Sie machte sich Sorgen um ihn.

Aber er sagte: Um mich brauchst du keine Angst zu haben. Ich habe hier Zeit zum Lob Gottes. Aber um alle die Leute draußen musst du Angst haben. Denn die reiben sich mit viel unnützem Zeug auf und haben dadurch keine Zeit, im Frieden Gottes zu leben.

Weil er, Jesus, selbst der Friede ist, kann der Friede in unser Herz Einzug halten, wenn wir uns seinem Geist und seinem Wort öffnen. Selbst wenn es um ganz anders aussieht und unser alter Mensch zunächst von diesem Unfrieden beeinflusst ist.

Der Glaube an Jesus, der am Kreuz, d.h. mitten in der Not dieser Welt, in die auch meine Not miteingeschlossen ist, den Frieden errungen hat, schenkt mir schon mitten in allem Unfrieden dieser Welt göttlichen, himmlischen Frieden.

Christvesper und Weihnachten:

Den kenne ich doch!?

Da rief Jesus, der im Tempel lehrte: Ihr kennt mich und wisst, woher ich bin. Aber nicht von mir selbst aus bin ich gekommen, sondern es ist ein wahrhaftiger, der mich gesandt hat, den ihr nicht kennt. Ich aber kenne ihn; denn ich bin von ihm und er hat mich gesandt.
Joh. 7,28-29

Liebe Gemeinde,
den kenne ich doch, so sagen wir, wenn in einem Gespräch der Namen eines Bekannten fällt.
Wir wollen damit sagen:
Dieser Mensch ist uns vertraut, wir wissen, wer er ist, wie er aussieht, wo er wohnt, welchen Beruf er hat, wie er so „ist".
Wir haben ein festes Bild von ihm, das wir in einer Schublade bei uns verstaut haben und je nach Bedarf herausholen.
Aber stimmt das wirklich – kenne wir einander in Wahrheit?
Ist das Bild, das wir uns einmal von einem anderen Menschen gemacht haben, für alle Zeiten gültig?

Ein Bild ist doch tot, unveränderlich, ein Mensch aber lebendig und wandelbar.

Und Leben heißt doch: Sich verändern, Stillstand ist Tod, „töten" wir dann nicht einander in gewisser Weise, wenn wir uns mehr an das starre Bild als an die lebendige Wirklichkeit und Veränderbarkeit eines Menschenhalten?

Was tun wir eigentlich, wenn wir einander so in Schubladen einordnen und sicher verstauen: Den oder die kenne ich doch.

Ist nicht gerade die Überzeugung, man kenne einen Menschen und die Kriterien, die „Vorurteile" nach denen man ihn beurteilen kann, das Hindernis dafür, ihn wirklich kennen und beurteilen zu können?

Verbauen wir uns Menschen nicht so gerade den Weg, den Zugang zueinander, dadurch nämlich, dass wir mit einem von der Sünde zerstörtem Geist auf einen Menschen zugehen, der uns den Schein als Wahrheit vorgaukelt und uns immer wieder irren lässt?

Und kann diese wirkliche und wahrhaftige Begegnung von Menschen nicht erst möglich werden, wenn wir dem Wahrhaftigen selbst begegnen und seine Wirklichkeit uns ergreift und wir in ihr wahrhaftig werden.

Diese unsere eigene Öffnung für Gott erfahren wir durch Jesus, der die Wahrheit ist und der auch uns erst in die Wahrheit Gottes stellen muss.

Er tut dies durch die Erkenntnis unseres durch die Sünde zerstörten unwahrhaftigen „Unwesens", das seinen Ursprung in Gott und damit sein Wesen verloren hat.

Und durch die Erkenntnis der Gnade des Gekreuzigten und Auferstandenen, durch sie macht er uns zu neuen Geschöpfen, denen allein dann durch die erfahrene Begegnung Gottes eine wahrhaftige Begegnung untereinander möglich ist.

Haben sich vorher Menschen, die in „Sünde tot" waren, versucht zu begegnen und sind dabei nur mehr sündig geworden, so begegnen sich nun an einem Leib miteinander verbundene Lebendige zum Wachstum zu dem hin, der das Haupt ist, Christus.

Diese Erkenntnis, zu der Jesus die Menschen auch hier bewegen will, stellt uns selbst zunächst einmal ganz in Frage, unser Tun und unsere Fähigkeiten, aber auch unser Sein, unser Personzentrum, unser Herz, unsere letzte Motivation – und dies kann zu einer völligen Ablehnung Jesu führen:

„Es ist ein Wahrhaftiger, der mich gesandt hat; den ihr nicht kennt: Ich aber kenne ihn; denn ich bin von ihm, und er hat mich gesandt.

Da suchten sie ihn zu ergreifen; aber niemand legte Hand an ihn, denn seine Stunde war noch nicht gekommen".

Erst von Neuem geborene Menschen können einander erkennen und kennen, d.h. erst eine neue Wirklichkeit schafft eine Wahrheit, der man Vertrauen kann, d.h. kennen und erkennen gehören zusammen, man muss aus derselben Art, aus derselben Familie Gottes stammen, desselben Geistes Kind sein, um einander begegnen, vertraut werden und näher kommen zu können:

Vertrauen und Vertraut-Sein sind nur zusammen möglich, hier geht es um Qualität, nicht um Quantität; deshalb können Beziehungen zwischen Menschen, die nicht diesen Grund haben, noch nach Jahren auseinandergehen, der Anlass und die Zeit spielen hierbei keine Rolle, es ist die Frage nach dem „ewigen" Grund, nach der gemeinsamen Basis, die die Wiedergeburt aus dem Wahrhaftigen im Namen Jesu ist, die letztlich entscheidet, ob eine Beziehung wahrhaftig, wirklich, tragfähig und beständig ist.

Ohne dieses neue Wirklichkeit Gottes, ohne sein einwirkendes Verändern und Erneuern des Menschen bleibt der alte Mensch in der Lüge gefangen, er wird durch eine Scheinwirklichkeit, die auch frommen Charakter annehmen kann, über sich selbst und seinen verlorenen Zustand getäuscht, bleibt in der Unkenntnis und bei sich selbst und seinem unerlösten Ich gefangen, weil er die wahrhaftige Gottesbegegnung verweigert kann er keine wahrhaftige, d.h. liebevolle Begegnung mit Menschen haben.

Zwischen „Erkennen" und „Erkennen" ist also ein gewaltiger Unterschied, alles „Einander Erkennen" und Kennen, das im Natürlichen, Unerlösten bleibt, und habe es einen noch so glänzenden, auch frommen, moralischen Schein, es ist in Wahrheit kein Erkennen, nur ein Erkennen von Erlösten ist ein „Sich wahrhaft Erkennen", ein Kennen und Lieben.

Da rief Jesus:

Ihr kennt mich und wisst, woher ich bin. Aber nicht von mir selbst aus bin ich gekommen, sondern es ist ein Wahrhaftiger, der mich gesandt hat, den ihr nicht kennt.

„Den ihr nicht kennt" – das ist das Urteil Jesu über alle Gotteserkenntnis, und damit auch über alle Welt- und Menschenerkenntnis des unerlösten Menschen.

Wir sagen im Glaubensbekenntnis:

Ich glaube an Jesus Christus, Gottes eingeborenen Sohn, unseren Herrn.

Machen wir aber auch im Glauben Ernst mit dieser Heils-Tat Gottes?

Unterwerfen wir Jesus unserem Verstand, unserem Begreifen, unseren Wünschen und Vorstellungen, verstauen wir Jesus Christus in einer religiösen, frommen Schublade oder ist er umgekehrt unser lebendiger Herr in allen

Lebensbereichen, lassen wir uns von ergreifen und unterwerfen wir uns gehorsam seinem Geist in unseren Gedanken, Gefühlen, Worten und Taten.

Trauen wir ihm wirklich zu, dass er unser Leben mit all seinen Höhen und Tiefen in seiner Hand halten und uns recht führen kann?

In einer Stadt wollte ein Seiltänzer in schwindelnder Höhe seine Kunststücke vorführen.

„Meine Damen und Herren, trauen Sie mir zu, dass ich ohne Netz über dieses Seil gehe?" fragte er in die Menge hinein.

„Selbstverständlich, Sie machen das doch immer, wir kennen Sie doch, "

ruft die Menge.

Der Seiltänzer geht unter viel Applaus über das Seil. Dann fragt er:

„Glauben Sie, dass ich mich getraue, mit dieser Schubkarre über das Seil zu fahren?".

„Natürlich glauben wir das. Wir wissen, dass Sie das können", schallt es ihm entgegen.

Unter viel Beifall schiebt der Seiltänzer die Schublade über das Seil.

Dann fragt er:

„Glauben Sie auch, dass ich mit einem Menschen hinüberfahre?"

Die Menge antwortet:

„Ganz sicher können Sie das."

„Dann bitte, steigen Sie ein", sagt der Artist zu einem aus der Menge.

Aber dieser wehrt ab.

„Nein danke, ohne mich!"

So hatte er es nicht gemeint, er wollte doch lieber Zuschauer bleiben.

Wenn wir dieses Gleichnis auf unser Verhältnis zu Jesus übertagen:

Wollen wir nur Zuschauer bleiben?

Oder wollen wir bei Jesus einsteigen?

Wollen wir lieber auf Distanz zu Jesus bleiben und nur skeptische Zuschauer bleiben?

Aber auf Distanz lernen wir Jesus nicht kennen.

Nur dann können wir Jesus richtig kennenlernen, wenn wir uns auf ihn einlassen, wenn er uns nahekommen darf, wenn wir ihm unser Vertrauen schenken und er unser ganzes Leben in all seinen seelischen, leiblichen, nervlichen, sozialen Bezügen mit seinem Geist nicht der Furcht, sondern der göttlichen Kraft, Liebe und Besonnenheit beherrschen kann.

Wenn wir ihn nicht in eine religiös-fromme Ecke verbannen, sondern seine Kraft in unserem ganzen Leben entfalten lassen.

Nur wenn wir das konkret in Anspruch nehmen, d.h. in uns und unserem Leben das verwirklichen lassen, was er für uns im Namen des wahrhaftigen Gottes, der ihn dazu gesandt hat, tun will, werden wir erfahren, wer er ist:

Der Einzige, der uns hindurchzutragen vermag durch alle Schuld und Not dieser Welt in die ewige Gottseligkeit im Himmel.

Lieben und erkennen sind in der Bibel zwei Vorgänge, die eng zusammengehören.

Liebend zu erkennen heißt, sich dem anderen vertrauensvoll öffnen, im A.T. schließt dies auch die Liebe zwischen Mann und Frau mit ein.

Wer einen anderen liebend erkennt, der bleibt nicht bei sich selbst oder beim Äußerlichen stehen, sondern er erkennt und versteht ihn von Innen, von seiner letzten, innigsten Motivation her, die ihn letztlich antreibt, dieses erkennen geht von Herzen zu Herzen – bei Christusgläubigen ist diese Motivation der Geist Christi, nicht der Furcht, sondern der Kraft, der Liebe und der Besonnenheit mit seinen Früchten, der Liebe, der Geduld, der Sanftmut und dem Frieden und der Freude.

Jesus in seiner himmlischen Sendung erkennen heißt, seine letzte Motivation, seinen Retter-Dienst im Auftrag des wahrhaftigen Gottes erkennen und im Glauben an Jesus mit ihm unmittelbar zu tun bekommen, ihn kennenlernen als den Allmächtigen und Barmherzigen im praktischen Lebensalltag.

Wo gehen wir denn hin mit dem, was uns bedrückt, uns zu schaffen macht?

Gott ist nicht weiter weg von uns als das nächste Gebet, das wir im Namen Jesu an ihn richten.

Antworten wird er dann auf immer seine Weise, er hört uns immer, auch wenn er nicht alle unsere Bitten so erhören kann, wie wir es erwarten.

Denn durch Jesus dürfen wir Gott als unseren Vater kennen und erfahren lernen, der immer in Liebe für seine Kinder sorgt, auch wenn er ihnen in seinem Tun oft zunächst fremd und unverständlich erscheint, auch wenn sie seine Fürsorge oft manchmal erst im Nachhinein erkennen, weil sie auch durch zunächst schwere, leidvolle Erfahrungen geführt werden, durch die Gott sie aber er-„ziehen" , d.h. von der Welt weg zu sich hin „ziehen" will, durch die er uns Jesus ähnlicher und gesegneter machen will.

Wir dürfen die Erfahrung in unserem Alltagsleben machen:

Der Herr ist mein Hirte, mir wird nichts mangeln. D.h.: Das, was ich wirklich brauche, gibt Gott mir immer, wenn ich mich durch Jesus an ihn wende: Glaube, Hoffnung, Liebe – und dies genau passend für jede Lebenssituation, deren erzieherischen, heilenden, tröstenden Sinn und Zweck für uns er am besten kennt.

Wo gehen wir denn hin, wenn unser Versagen uns kränkt, wenn wir schuldig geworden sind an unserem Nächsten, wenn uns leidtut, was wir gesagt oder getan haben, wenn statt wir statt

Geduld und Sanftmut Ungeduld und Herzenshärte über uns haben herrschen lassen?

Kennen wir dann Jesus als den, der uns im Namen des wahrhaftigen Gottes beides zu schenken vermag, weil er dazu gesandt ist: Buße und Vergebung?

Jesus kann Sünden so völlig und wirkungsvoll vergeben, dass sie uns nicht mehr belasten und beeinflussen – er als einziger ist dazu von Gott gesandt, autorisiert, sie uns abzunehmen, uns den Freispruch im Gericht zu bringen und uns auch wirklich, d.h. wirkungsvoll von ihnen zu befreien – dazu aber ist es – so das besondere Anliegen unseres Textes – not-wendig, dass wir uns und unsere Sünde und ihn, den Wahrhaftigen und den er uns gesandt hat, auch im Licht seiner Wahrheit erkennen.

Jetzt trennt uns Sünder nichts mehr von einem heiligen, gerechten Gott:

Wir sind keine Selbst-Gerechten, sondern von ihm in Jesus Gerechtfertigte, d.h. ein anderer, Christus, hat für uns das getan, was wir nicht zu tun vermochten, er uns vor Gott gerecht gemacht durch seinen stellvertretenden Tod am Kreuz, das wahrhaftige Gericht, das wir verdient hätten, hat er auf sich genommen, und nun kann der gerechte Gott in seinem Sohn uns seine Liebe schenken, ohne Abstriche an seiner Wahrhaftigkeit und Gerechtigkeit zu machen.

Also, d.h. so, auf diese Weise, hat Gott die Welt geliebt - und nun kann jeder von uns hier seinen Namen einsetzen, denn er hat jeden persönlich gemeint - dass er seinen eingeborenen Sohn gab, auf dass jeder, der an ihn glaubt, nicht verloren werde, sondern das ewige Leben habe.

Vielleicht sagen wir:

Aber mir fehlen Beweise. Dann müsste in dieser Welt doch vieles anders sein, wenn Jesus wirklich Gottes Sohn, das Heil der Welt wäre.

Da gibt es so viel Unheil, es ist so wenig sichtbar von ihm, dem Heiland in dieser Welt.

Erst muss sich da einmal etwas ändern, bevor ich Jesus glaube.

Aber:

Dieser Weg, dieses Denken ist ein Irrweg, eine Sackgasse.

Denn diesen Weg ist Gott eben nicht gegangen.

Dass er diese ganze Welt verwandelt, dass er zu einem zweiten Weihnachtsfest in Herrlichkeit wiederkommt, das steht erst noch aus.

Bis dahin gilt für uns ein anderer Weg:

Christus will durch das schmale Tor eines Herzens, das ihm vertraut, das ihn liebt, in diese Welt einziehen.

Er hat diesen stillen, unscheinbaren Weg in Niedrigkeit gewählt,

weil er unsere freie „Entscheidung" für ihn, unsere Scheidung von der Welt und unsere ganze

Hinwendung zu ihm will, weil er unsere ganze Liebe und Hingabe wecken möchte, mit der wir auf seine vollkommene Liebe und Hingabe antworten.

Wir leben in dieser Zeit der Gnade und bis zu seinem zweiten Wiederkommen fragt uns Jesus Christus wie wir es mit ihm halten, der in einer Krippe zur Welt kam und an einem Kreuz aus ihr hinausgedrängt wurde, ob wir in ihm den wahrhaftigen Gott erkennen, der ihn zu uns gesandt hat.

Den kenne ich schon -Weihnachten - alles wie gehabt: Schublade auf, hinein, bis zum nächsten Jahr. Dagegen sagt uns unser Text:

Macht euch kein totes Bild von Jesus, so fromm und religiös und moralisch und verdienstvoll nach außen dies auch zu erscheinen vermag: Jesus Christus ist nur recht erkannt, wenn er im Licht des einzig Wahrhaftigen, des allmächtigen und barmherzigen Gottes gesehen wird.

Diese ausgestreckte Hand Gottes dürfen wir ergreifen.

Sie hält uns fest und wir halten uns fest an ihr.

Und so und nur so dürfen wir erfahren, dass der Friede Gottes, der höher ist als all unsere Vernunft, unsere Herzen und Sinne in Christus Jesus bewahrt. Amen.

1.Sonntag nach Ostern

Quasimodogeniti

Wieder lebendig werden

Des Herrn Hand kam über mich, und er führte mich hinaus im Geist des Herrn und stellte mich mitten auf ein weites Feld; das lag voller Totengebeine.

Und er führte mich überall hindurch. Und siehe, es lagen sehr viele Gebeine über das Feld hin, und siehe, sie waren ganz verdorrt.

Und er sprach zu mir: Du Menschenkind, meinst du wohl, dass diese Gebeine wieder lebendig werden? Und ich sprach: Herr, mein Gott, du weißt es.

Und er sprach zu mir: Weissage über die Gebeine und sprich zu ihnen:

Ihr verdorrten Gebeine, höret des Herrn Wort! So spricht Gott, der Herr, zu diesen Gebeinen: Siehe, ich will Odem in euch bringen, dass ihr wieder lebendig werdet.

Ich will euch Sehnen geben und lasse Fleisch über euch wachsen und überziehe euch mit Haut und will euch Odem geben, dass ihr wieder lebendig werdet; und ihr sollt erfahren, dass ich der Herr bin. Hes. 37,1-6

Liebe Gemeinde,

unser Text beschreibt:
1. Die hoffnungslose Situation des Todes
2. Das Geschenk neuen Lebens aus Gott
3. Gottes Wirken durch sein Wort und seinen Geist

Der Prophet Hesekiel spricht zu Menschen, die vor dem Nichts stehen, vor den Trümmern ihrer Existenz. Ihre Heimatstadt Jerusalem ist von Feinden zerstört. Viele Bürger sind getötet, viele verschleppt worden. Wie soll es nun weitergehen? Gibt es überhaupt noch Hoffnung, eine Zukunft angesichts der trostlosen Gegenwart?
Er stellte mich mitten auf ein weites Feld, das lag voller Totengebeine. Und er führte mich überall hindurch. Und siehe, es lagen sehr viele Gebeine über das Feld hin und siehe, sie waren ganz verdorrt.
Unser Text aus dem Propheten Hesekiel – auch wenn er aus einer anderen Zeit der Geschichte des Volkes Israel stammt – beschreibt auch die Situation der Juden in der Zeit des Holocausts unter dem Nationalsozialismus. Sechs Millionen Juden fielen dem Rassenwahn zum Opfer, starben elend in Konzentrationslagern, ein unübersehbares Feld von Leid und Tod, das sich über die Erde ausbreitete, die sogenannte

„Endlösung der Judenfrage" hatte die völlige Vernichtung des jüdischen Volkes zum Ziel.

Und siehe, es lagen sehr viele Gebeine über das Feld hin, und siehe, sie waren ganz verdorrt.

Die Hoffnungslosigkeit der irdischen Situation des Volkes Gottes wird noch unterstrichen durch die Frage Gottes an Hesekiel:

Du, Menschenkind, meinst du wohl, dass diese Gebeine wieder lebendig werden?

Und ich sprach:

Herr, mein Gott, du weißt es.

Aus menschlich-irdischer Sicht ist alles hoffnungslos, vom Menschen aus gesehen ist das Ende da, es gibt kein Leben, keine Hoffnung, keine Zukunft mehr:

Und siehe, sie waren ganz verdorrt.

Verdorrt durch das, was Menschen Gott und einander antun können, wenn sie sich von Gott ab- und dem Bösen und den Götzen zuwenden:

Es blutet die Erde

Es weinen die Völker

Es hungern die Kinder

Es droht großer Tod.

Es sind nicht die Ketten,

Es sind nicht die Bomben,

Es ist ja der Mensch,

der den Menschen bedroht,

so schrieb Wolf Biermann.

Von Seiten des Menschen ist im Blick auf diese Erde mit ihrer Todes- und Sündennot in Wahrheit und Wirklichkeit alles hoffnungslos. Vom Menschen aus gesehen ist das Ende da. Es gibt kein Leben, keine Hoffnung, keine Zukunft mehr: „Und siehe, sie waren ganz verdorrt".

Ganz – keinerlei Lebens- und Hoffnungsfunke war mehr in den Totengebeinen.

Aber gerade an diesem tiefsten Punkt eigener, menschlich-irdischer Hoffnungslosigkeit will und kann der allmächtige Gott in seiner Barmherzigkeit neu mit seinem Heilshandeln ansetzen:

Damals nach der Eroberung Jerusalems und der Zerstörung von Stadt und Tempel, die er in der Zeit von 593-587 v. Chr. als Gottes Strafgericht über die schuldbeladene Stadt verkündet hatte, wandelt sich seine Botschaft, die er im Auftrag Gottes als Prophet zu sagen hat.

Er ist nun gesandt, die Verdorrten, Hoffnungslosen, Verzweifelten zu trösten, ihnen neuen Mut und neue Hoffnung zu geben durch seine Verkündigung, er soll sie auf ein neues eingreifendes Heilshandeln Gottes vorbereiten und so die Grundlage für den Wiederaufbau der Stadt legen.

Diese kommende Wende schildert er in einer Vision von der Erweckung, der Auferstehung der

Totengebeine zu einer neuen Schar von Lebenden.

Dieses Heilshandeln aus dem Tod, aus dem Nichts heraus ohne irdisch-menschliche Hoffnungszeichen, ohne voraussetzende Beteiligung von Kraft, Weisheit, Bemühen seitens des Menschen ist auch in dem Tod und der Auferweckung Jesu Christi, des Sohnes Gottes, wirksam.

Durch dieses voraussetzungslose, freie Heilshandeln Gottes ist auch den Heiden, den Sündern die Gerechtigkeit Gottes, der Friede mit ihm und die ewige Seligkeit bei ihm - nun nicht mehr nur in dieser Weltzeit, sondern für die Ewigkeit - zugewandt worden.

Und diese erneute Zuwendung Gottes in Jesus hat auch bei dem ersterwählten Volk Gottes, den Juden, nach dem Holocaust zu wirken begonnen, als sie nach erneuter Landnahme und Staatengründung in Palästina nicht etwa der beabsichtigten Katastrophe des Holocausts, der völligen Vernichtung zum Opfer fielen, sondern in ihre Heimat zurückgeführt wurden.

Dieser Erfüllung der Verheißung der Sammlung seines zerstreuten Volkes aus allen Völkern zu einem Leben in dem ihnen verheißene Land wird Gott einmal die Erfüllung der Verheißung folgen lassen, dass ein auserwählter, gläubiger Überrest auch zum ewigen Leben finden wird, wenn sie in dem wiederkommenden Christus den erkennen werden, den sie durchbohrt haben.

So war es damals bei Hesekiel, so war es am Kreuz Jesu, so war es nach dem Holocaust:

Das neue Leben, das Gott schenken will, braucht keinen Ansatzpunkt, keine Voraussetzung, keine Hoffnungsschimmer, keine Zukunftsperspektive von dieser Welt aus.

Denn diese Erde und die gesamte Menschheit ist durch die Sünde des Menschen vollkommen verdorben, heillos und verloren, sie kann sich selber nicht mehr retten, nicht mehr am eigenen Schopf aus dem Sumpf ziehen.

Da muss schon ein anderer ganz woanders herkommen:

Der Sohn Gottes aus dem Himmel.

Keine Selbstrechtfertigung, auch nicht der Glaube an das Gute im Menschen, keine selbstgemachte Religion und Frömmigkeit sind in der Lage, uns Menschen aus der völligen Verlorenheit, aus der Todes- und Sündenwirklichkeit dieser Welt zu erretten, sondern allein die Barmherzigkeit Gottes, der Glaube, dass er aus freier Gnade und Liebe zu uns verlorenen Sündern aus dem Nichts, aus Tod, aus dem „Verdorrt-sein" jeglichen Lebens neues Leben schaffen kann.

Das Feld voller Totengebeine, das Hesekiel sieht, weist unseren Blick hin auf Golgatha, die

„Schädelstätte", hin zu jenem Gekreuzigten, der in seiner Todesnot sprach:

Mein Gott, mein Gott, warum hast du mich verlassen.

In seiner Gottverlassenheit hat er die Hoffnungslosigkeit, die Gottverlassenheit aller Menschen auf sich genommen, sodass jetzt jeder Mensch, der an ihn glaubt, nicht verloren geht, sondern ewiges Leben geschenkt bekommt.

Damit wir eben nicht von Gott verlassen seine, sondern dessen neue Zuwendung erfahren, wurde er von Gott verlassen.

Indem Gott ihn durch den Tod hindurch zum Leben erweckte, handelte er nicht nur an ihm, sondern an allen hoffnungslosen, verzweifelten, schuldbeladenen Menschen und schenkt ihnen neues Leben; Neuanfang und Zukunft sind ganz allein nur an eine Voraussetzung geknüpft, die er selber allein, ohne unsere Mithilfe erfüllt:

An seine Gnade und Vergebung, an seinen Heilswillen und sein Heilshandeln in Jesus.

So spricht Gott der Herr zu diesen Gebeinen:

Siehe, ich will Odem in euch bringen, dass ihr wieder lebendig werdet.

Weil Gott dies zum Gekreuzigten gesagt und an ihm wahr gemacht hat, deshalb gilt dasselbe auch für uns: Wir haben ewiges Leben aus Gott.

Und es ist allein die durch Christus wiederhergestellte Lebensverbindung zu ihm, d.h.

nicht unser Vermögen, unser Geist, sondern sein Odem, sein Geist, sein Verdienst, die uns am Leben, am ewigen Leben erhält, das ja jetzt schon in dieser zu Ende gehenden Weltzeit begonnen hat in denen, die Gottes Gnade und Vergebung in Jesus angenommen haben und aus ihr und aus ihm und nicht mehr aus sich und aus der eigenen Gerechtigkeit leben.

So ist unsere unsichtbare, verborgene Gottesbeziehung nicht etwas Zweitrangiges gegenüber den sichtbaren Mächten und Menschen dieser Welt, ein frommer, religiöser äußerer Habitus, sondern allein unsere scheinbar so ohnmächtige, in den Augen der Weltmenschen verächtliche Gottesbeziehung entscheidet darüber, ob wir Leben haben, Leben, das dann auch in der Not, im Leid, im Tod, in irdischer Hoffnungslosigkeit Bestand hat.

So hat Gott sein Volk immer wieder durch Verfolgung und Tod hindurchgeführt – auch nicht zugelassen, dass es in der vom Nationalsozialismus geplanten „Endlösung" mit ihm zu Ende ging, sondern hat durch alle Schrecken der Verfolgung Sach. 2,12 wahr gemacht:

Gott spricht: Wer euch antastet, der tastet meinen Augapfel an.

Trotz der hoffnungslosen Sünden- und Todeswirklichkeit des Menschen schenkt Gott neues Leben, er tut dies durch sein Wort und seinen Geist.

Und Gott sprach zu mir:

Weissage über die Gebeine.

Vieles ist uns erst noch nur als Wort der Verheißung gegeben, aber im Geist Gottes und im Glauben gehört und ins Herz aufgenommen, haben wir schon jetzt die innere Gewissheit seiner Erfüllung.

Aus dieser Gewissheit vollkommener Erfüllung in der Zukunft fließen dem Christusgläubigen himmlische, göttliche Kräfte für die Gegenwart zu, mit deren Hilfe er jetzt schon in der gegenwärtigen, bösen Weltzeit ein neues, ewiges Leben führen kann, das von der Sünde und der Angst vor dem Tod befreit ist.